LISZT

claude rostand

D1143869

solfèges / seuil

Lith. de Villain

Roch F

Assemblage étonnant   de génie et d'enfance
Il a d'évancé   l'avenir ;
Et dans l'âge   de l'espérance
Fait déjà naître   un souvenir.

Par un amateur

FRANÇOIS LISZT,
âgé de 11 ans

à Paris, chez Mortinet

A Geneviève Sienkiewicz

Tu appartiens à l'art, non à l'église.
Toutefois, je crains pour toi les femmes.

ADAM LISZT

Putzi ou « le petit Litz »

Nous sommes dans la nuit du 21 au 22 octobre 1811. Une petite maison mi-bourgeoise, mi-paysanne. Autour, un jardin de curé, plein de fleurs automnales. Aux environs, quelques bruits d'étables. Au loin, des masures perdues dans le grand silence de la plaine hongroise. C'est là que vient de naître un garçon qui, plus tard, paraîtra bien séduisant aux dames conçues entre deux batailles napoléoniennes.

Petit être malingre qui restera plusieurs années entre la vie et la mort, Franz Liszt est le fils d'Adam Liszt, comptable et régisseur du prince Esterhazy, et d'une ravissante petite brune aux grands yeux, à la bouche sensuelle, parée de tous les charmes viennois, une autrichienne de Krems, Anna Lager. Adam avait épousé Anna l'année précédente, alors qu'il était encore employé au château d'Eisenstadt où la vie était fort distrayante.

Ce comptable était un amateur de musique passionné. Il jouait de la flûte, du violon, de la guitare, et était un excellent pianiste. Au château, il avait connu Haydn, Cherubini et

Hummel. Pensant lui faire plaisir à l'occasion de son mariage, Esterhazy l'avait promu intendant de l'un de ses domaines, celui de Raiding (village du comtat d'Œdenbourg non loin de la frontière autrichienne, et nommé Dobrjàn en hongrois).

Anna Liszt   *Adam Liszt*

Pour le jeune ménage, c'était un peu l'exil, en dépit des avantages matériels. Pendant la journée, Adam surveillait la pesée du blé, et le soir il faisait de la musique à sa femme. Dans le courant d'octobre 1811, on signala le passage d'une comète. Au terme de sa grossesse, Anna la surveillait chaque soir. Le présage était bon. Et, grâce à Dieu, elle brillait encore dans le ciel en cette nuit du 21 au 22. Le lendemain, les Tziganes vinrent jouer devant la petite barrière de bois qui fermait le jardin de M. l'Intendant pour fêter la naissance de ce bébé qui allait plus tard se définir : *Tzigane et Franciscain.*

Après l'ennui, c'est l'inquiétude qui va meubler l'existence villageoise de Raiding. Les six premières années, le petit Franz sera constamment malade : fièvres, syncopes, crises nerveuses. Un jour, on le croira mort, et le menuisier du village commencera d'assembler les planches d'un minuscule cercueil. Depuis plusieurs semaines, les médecins ont perdu tout espoir. Mais le miracle de la nature fait son œuvre. Franz se remet à gambader, se développe subitement, prend un visage, et surtout ce regard perçant, hautain et doux qu'il conservera toute sa vie. Et déjà, tout pour la musique : à l'église, il va entendre les chants, et, de porte en porte, il accompagne les troupes de Tziganes dont il célébrera plus tard les séductions dans un livre dont il n'est, de toute évidence, que très peu l'auteur : *Peu de choses ont frappé d'avantage notre imagination dès notre première jeunesse, que l'énigme hardiment posée par les Bohémiens devant chaque palais et chaque chaumière, où ils viennent demander une chétive obole en échange de quelques mots murmurés tout bas à l'oreille, de quelques airs de danse qu'aucun ménétrier ne saurait imiter, de quelques chansons qui électrisent les amoureux et que les amoureux n'inventent pourtant pas. Qui n'avons-nous pas questionné, quand nous étions tout petit, pour surprendre l'explication de ce charme subi par tous, défini par aucun ? Ce fut inutilement ; on le sentait, on ne se l'expliquait pas. Frêle apprenti d'un maître austère, nous ne connaissions encore d'autre échappée vers le monde de la fantaisie, que celle qu'on aperçoit à travers l'échafaudage architectural de sons savamment ajustés. Cela nous rendait d'autant plus curieux de comprendre d'où venait l'attrait exercé par ces mains calleuses, lorsqu'elles faisaient crisser le crin sur leurs mauvais instruments ou résonner l'airain avec une si impérieuse brusquerie. En même temps, nous étions poursuivis dans nos rêves éveillés par ces visages cuivrés sur lesquels le hâle n'a plus de prise, flétris de bonne heure par l'intempérie des saisons et les émotions déréglées, comme qui dirait galvanisantes, de leur vie désordonnée.*

Dès le seuil, la musique et l'aventure marquent la vie de Liszt. Le « maître austère » est peut-être son père. Non que celui-ci l'eût rudement poussé vers la musique. Mais, dans sa passion pianistique, Adam lui faisait entendre un répertoire qui manquait un peu de séduction et qui, cependant, séduisit Franz : un jour, il avait joué le concerto en ut dièse mineur de Ries — ce qui tendrait à prouver qu'il possédait une assez jolie technique — et, le soir même, l'enfant, alors âgé de six ans, en chanta le premier motif puis le reproduisit assez adroitement au piano. Dès lors, tout fut décidé, et Adam décréta que son fils serait pianiste.

Les progrès furent stupéfiants. En trois ans, Franz était devenu capable de se produire en public. Son premier concert date de 1820. C'est un concert « à bénéfice », donné au profit d'un musicien aveugle : la charité aussi fut une des vocations de Liszt, lui qui tant de fois jouera pour les autres, et qui laissera pour tout héritage sa soutane, quatre chemises, et sept mouchoirs de poche. Ce premier concert eut lieu à Œdenbourg. Franz y stupéfia le public par son exécution du « Concerto en mi bémol » de Ries, et plus encore par la façon dont il sut improviser sur des thèmes à la mode.

D'autres concerts allaient suivre tout aussitôt, notamment au château d'Eisenstadt, et surtout à Presbourg où un groupe de nobles hongrois l'ayant entendu, ils décidèrent d'offrir à l'enfant une bourse lui permettant de faire des études musicales sérieuses et complètes. Adam se fit mettre en congé par le prince, et partit avec Franz pour Weimar demander des leçons à Johann Nepomuk Hummel ; mais les prix de celui-ci étant un peu élevés, le père et le fils allèrent s'installer à Vienne où ils restèrent en 1821 et 1822. Là, Franz travaille le piano avec Czerny qui, enthousiaste de son jeune élève, refuse de lui faire payer ses leçons ; et il étudie l'harmonie et la composition avec celui qui avait été un des derniers maîtres de Beethoven, Salieri.

En décembre 1822, Liszt fait sa première apparition sur une estrade viennoise, et joue le « Concerto en mi mineur » de Hummel. Il s'y livre également à ce qui sera pour un temps l'une de ses acrobaties favorites, l'improvisation (ce jour-là, ce fut un étonnant morceau de bravoure utilisant le thème de l'*allegretto* de la « Septième Symphonie » de Beethoven et un air de la « Zelmira » de Rossini !). Ce fut un triomphe, et le lendemain un critique pouvait écrire : « Est deus in nobis ! » Le petit Putzi, ainsi que l'a surnommé Czerny, est devenu l'homme du jour.

1823 Les Liszt resteront encore à Vienne jusqu'à la fin de l'été. C'est pendant cette période que va se produire la rencontre· mémorable, celle de Beethoven. Les choses avaient d'abord mal commencé. L'obsession de Liszt était de connaître Beethoven. Mais celui-ci, irrité par le succès que la musique italienne la plus facile trouvait alors auprès des Viennois, traversait une crise de sauvagerie. Czerny étant un ami de Schindler, on put cependant ménager à Franz une première présentation. On ne connaît pas le détail de cette entrevue, mais elle ne dut pas être très favorable puisque, si l'on en croit les *Cahiers de conversation*, Schindler reprocha à Beethoven sa mauvaise humeur à l'égard de Putzi ; c'est à la date du 12 avril : « N'est-ce pas, écrit Schindler, vous réparerez l'accueil un peu désagréable que vous avez fait dernièrement au petit Liszt en assistant demain à son concert ? Ce sera un encouragement pour ce petit. Promettez-moi que vous irez. » Et, en effet, le 12 avril l'enfant revint voir Beethoven, et dans le carnet on lit de sa grande écriture : *J'ai déjà exprimé si souvent à M. Schindler mon désir de faire votre précieuse connaissance, que je suis heureux que cela puisse se faire maintenant, je vais donner un concert le dimanche 13, et vous prie très respectueusement de m'accorder l'honneur de votre présence.* Beethoven ne promit rien du tout, mais, selon une des versions différentes que Schindler nous laisse de cette entrevue, il demanda à l'enfant de lui jouer quelque chose : Liszt attaqua alors la fugue en ut mineur du « Clavecin bien tempéré », et quand il l'eut finie la transposa aussitôt avec aisance dans un autre ton. « Diable de gamin, en voilà un drôle ! » se serait écrié Beethoven. Ce qu'entendant, et se voyant ainsi encouragé, Franz aurait alors exécuté le premier mouvement du « Concerto en ut mineur », exécution que Beethoven aurait saluée de la façon suivante : « Vas, tu es un heureux, et tu rendras heureux d'autres gens ! Il n'y a rien de plus beau ! »

Le lendemain, dans le Redoutensaal plein de monde, Beethoven était là. Et c'est la scène qui a inspiré tant de gravures et de calendriers : après que Franz eut joué un concerto de Hummel ainsi qu'une fantaisie de sa propre composition, Beethoven se lève, monte sur l'estrade, et embrasse l'enfant, au milieu des acclamations.

Beethoven embrasse Liszt
après son concert du 13 avril 1823

A l'automne, les Liszt se mettent en route. Franz donne des concerts à Munich, Stuttgart, et Strasbourg. Partout ce sont des triomphes. Enfin, le 11 décembre, on arrive à Paris où l'on s'installe à l'hôtel d'Angleterre, 11 rue du Mail, juste en face de la maison Érard. La première visite est pour Cherubini, le directeur du Conservatoire. Grincheux, grimaçant et agité, celui-ci oppose au jeune Hongrois une fin de non-recevoir formelle, arguant du fait que les règlements du Conservatoire en interdisent l'accès aux étrangers, merveille de l'administration française, surtout dans la bouche de Cherubini qui, dirigeant ce même Conservatoire, n'a jamais pu apprendre à parler notre langue correctement !

La déception des Liszt sera cependant de courte durée. Ils sont venus à Paris avec de nombreuses lettres de recommandation, et toutes les portes vont s'ouvrir sans peine devant le petit prodige. Dans le domaine mondain, ses deux protecteurs les plus efficaces sont le futur Louis-Philippe et Caroline, duchesse de Berry. Le premier le couvre de jouets, et lui offre notamment le polichinelle qui avait tant amusé « le petit Litz » lorsqu'il était venu jouer avec le jeune duc de Nemours. La seconde, que la lithographie de Delpech nous révèle alors dans l'éclat d'une extraordinaire beauté de vingt-cinq ans, lui ouvre ses salons, où « le petit Litz » séduit toute la société — probablement plus par ses qualités d'acrobate pianistique que par son génie musical profond. Le futur franciscain se lance sur la corde tzigane : il sait tout, il retient tout, il devine tout, c'est un phénomène que ses qualités de « singe savant » recommandent plus à l'attention du public que ses trouvailles géniales ne le feront par la suite.

Il ne se laisse d'ailleurs pas trop griser. Et si le facteur de pianos Sébastien Érard l'adopte à la fois avec affection et un goût parfaitement légitime de la vedette publicitaire, « le petit Litz » pense aussi aux choses sérieuses : il prend des leçons de composition avec Ferdinand Paër, et attaque le contrepoint avec Anton Reicha. C'est également Paër qui lui enseignera la langue qu'il parlera le plus volontiers et le mieux toute sa vie : le français. Liszt fera toujours des fautes en allemand, et ne conservera jamais qu'une connaissance approximative de sa langue maternelle.

1824 L'hiver se passe en succès ininterrompus. Mais le triomphe public se place à la date du 8 mars. Le prince royal a fait offrir au « petit Litz » l'Opéra italien. La Pasta, chanteuse dont Stendhal dit grand bien — ce qui n'est pas alors une recommandation absolue — vient chanter deux airs au premier concert de ce jeune prodige : ce genre de collaboration se pratiquait à cette époque fantaisiste mais charitable.

1824 - (dessin de Leprince)

Quelques jours plus tard, le même triomphe se répète au « Concert spirituel ». Liszt est la coqueluche de Paris. Personne n'imagine que ce bambin, « musicien d'extrême-droite » protégé par les princes, deviendra bientôt l'ami des saint-simoniens et de Lamennais, ce qui le classera « à gauche » en un temps où ce n'était pas aussi intellectuellement élégant qu'aujourd'hui, et donnera des armes faciles à son rival Thalberg.

Paër, ancien chef d'orchestre impérial, fait admettre par la direction de l'Opéra de Paris l'idée que l'on commande à cet enfant de treize ans la musique d'un opéra en un acte : il s'agit de *Don Sanche ou le château d'amour* dont Paër avait suggéré le livret à deux médiocres confectionneurs, Théaulon et Rancé. Opéra « léger », avait déclaré le professeur de Franz. Les deux versificateurs se mirent aussitôt à l'ouvrage, et l'œuvre fut acceptée avant même d'avoir été terminée.

Pendant ce temps, Sébastien Érard était très gentil, voire très généreux, mais ne perdait pas la tête en ce qui concerne la vente de ses pianos. Le jeune phénomène lui paraît d'un très bon rapport, et précisément il s'agit de lancer en Europe le perfectionnement qu'il vient d'apporter à sa mécanique : le piano à double échappement. Le marché anglais lui paraît favorable, et, dès le printemps, pour la « Season » de Londres, il organise une tournée pour « le petit Litz » que la cour de George IV est assez curieuse de connaître. L'accueil est le même qu'à Paris. Franz est adopté tout de suite. Il joue chez le roi, et tous les aristocrates se le disputent aussitôt. Le public ne tarde pas à suivre. Et George IV de s'écrier : « Je n'ai rien entendu de pareil, non seulement pour la perfection du jeu, mais pour la richesse des idées. Ce petit surpasse Cramer et Moschelès. » Voilà un monarque qui n'avait pas en vain la prétention de s'y connaître. Sébastien Érard ne perdait pas non plus son temps, car les Anglais admiraient le « Erard's grand pianoforte of seven octaves » : démonstration qui, avec le jeune virtuose, avait une certaine allure.

Au milieu des fêtes, les deux Liszt resteront à Londres pendant toute cette année, à l'exception d'un séjour de repos en France au cours de l'été. Malgré cela, le travail sérieux continue avant tout de requérir Franz, ce dont témoigne le passage d'une lettre de M. Liszt père à M. Czerny : « Putzi n'a de passion que celle de composer. Sa sonate pour quatre mains, son trio, son quintette vous donneraient du plaisir. Il fait chaque jour deux heures d'exercices, une heure de déchiffrage, et tout le reste de son temps est consacré à la

composition. Il est devenu presque aussi grand que moi. »
Et puis surtout, on travaille à *Don Sanche* : le principe de
l'œuvre a été admis, certes, mais il faut que la partition passe
devant un comité de lecture...

1825 Une fois les réjouissances de Christmas passées, le
père et le fils regagnent le continent pour une grande tournée
de deux mois qui, en février et mars, les mènera successivement à Marseille, Lyon, Nîmes, Montpellier, Toulouse et
Bordeaux. En avril, Franz se replonge dans *Don Sanche*. Et
en mai-juin il est à nouveau présent à la « Season » de Londres,
et effectue une tournée en Angleterre. Le 20 mai, au cours
d'un concert à Manchester, on donne la première audition
d'une « grande ouverture » qui n'est pas autrement désignée,
mais qui selon toute vraisemblance est celle de *Don Sanche*.
Puis les événements se précipitent : en juillet, retour à
Paris ; le 30, Liszt présente son œuvre à la direction de l'Opéra,
laquelle rend un verdict favorable ; le 11 août, le ministère
des Beaux-Arts donne l'ordre de monter l'ouvrage sans tarder ;
la répétition générale a lieu le 15 octobre, et la première le 17
(celle-ci ne devant être suivie que de trois autres représentations). L'accueil du public fut poli, sympathique même,
mais extrêmement réservé. Dans la presse, les uns parlèrent
avec attendrissement du « petit Mozart en herbe », et les
autres lui dénièrent « le moindre talent pour la composition ».
De la partition, que l'on peut consulter aujourd'hui encore à
la bibliothèque de l'Opéra de Paris, il ressort que le livret
était d'une extrême niaiserie, et que si quelques idées musicales sont bien venues, l'enfant avait peut-être visé un peu
haut en s'attaquant à un genre qui demande un métier éprouvé.
Il eut d'ailleurs l'intelligence de s'en rendre compte lui-même.
De cette même année 1825, on peut également dater quelques
autres premiers essais de Liszt dans le domaine de la composition, notamment un *Tantum ergo*, une sonate pour piano
que Franz s'amusa quelque temps à faire passer pour une
œuvre inconnue de Beethoven, un impromptu sur des thèmes
de Spontini et de Rossini, et un concerto pour piano, toutes
partitions perdues ou inédites.

1826 Si les œuvres précédentes ne méritent guère plus qu'une mention de simple curiosité, la suivante présente un intérêt infiniment plus sérieux. Il s'agit de *Douze études pour piano* que Liszt fera publier cette année-là à Marseille chez Boisselot sous le titre *Études en douze exercices.* Remaniées onze ans plus tard, elles deviendront les fameuses et vertigineuses *Études d'exécution transcendante.*

Dans son ensemble, 1826 est plutôt calme pour Franz. Il continue de travailler le contrepoint avec Reicha, et ce n'est qu'à l'automne qu'il reprendra la route pour une tournée en province et en Suisse.

1827 C'est précisément en Suisse que la nouvelle année trouve le père et le fils. Ce sera une année orageuse à tous égards. Assez surmené, le jeune homme éprouve une grande fatigue nerveuse. D'autre part — et conséquemment, sans doute — il subit une vive crise religieuse. Son métier de virtuose lui inspire soudain un grand mépris. Il songe à le quitter et à se tourner vers la prêtrise. Il prie, se livre à des pratiques ascétiques et jeûne à l'excès, ce qui augmente encore sa fatigue, lui donne des malaises, des évanouissements, et lui fait croire qu'il a des apparitions. D'autre part il s'exalte follement à la lecture des « Pères du désert », de « L'Imitation de Jésus-Christ », du « Trappiste » de Vigny, des « Odes » de Hugo. Adam Liszt est désespéré, car rien ne fait, ni conseils, ni menaces, pour calmer Franz : « Tu appartiens à l'art, non à l'église », répète-t-il sans succès.

L'état de santé du jeune homme se faisant de plus en plus alarmant, une cure de repos à Boulogne-sur-mer est décidée. Mais à peine arrivé, Adam Liszt tombe malade : une violente fièvre gastrique va l'emporter en quelques jours ; le 27 août, il rend le dernier soupir dans les bras de son fils, non sans avoir pu prononcer ces paroles prophétiques rapportées par Liszt : « Mon enfant, je vais te laisser bien seul, mais ton talent t'assure contre tout imprévu. Ton cœur est bon, et tu ne manques pas d'intelligence. Toutefois, je crains pour toi les femmes : elles troubleront ta vie et la domineront. »

Aussitôt après l'enterrement, qui eut lieu à Boulogne, Liszt, très secoué, rentre à Paris où il retrouve sa mère qui vient d'arriver de Hongrie, et tous deux s'installent dans un petit appartement, au 7 bis square Montholon. Là, Franz reprend sa vie d'exaltation mystique, et passe des heures en prière à l'église Saint-Vincent-de-Paul toute proche de son domicile.

Cependant, il va peu à peu être repris par la vie parisienne. On le revoit dans les salons où il est très recherché, et il donne des leçons aux jeunes filles de la société. C'est ainsi qu'il fera la connaissance de Caroline de Saint-Cricq. Avoir Liszt comme professeur était de la dernière élégance, aussi le comte de Saint-Cricq, ministre du Commerce et des Manufactures dans le cabinet Martignac, avait-il convoqué le jeune maître — devenu maintenant quelque peu dandy — pour le présenter à sa fille et le lui donner comme maître. Dès le premier regard, une vive passion était née entre ces deux ingénus que la littérature du temps contribuait encore à exalter.

1828 Ce furent en effet des amours très exaltées et très littéraires. La mère de Caroline étant clouée à son lit par une grave maladie, le père étant souvent absent, les leçons se poursuivaient très tard dans la nuit où l'on faisait de folles lectures de Dante ou de Lamartine. La jeune fille était ravissante, avait seize ans, et possédait une grande culture. Liszt lui fit cadeau d'une bague où il avait fait graver les mots : « Expectans expectavi ». Les projets d'avenir allèrent même assez loin ; presque moribonde, la comtesse de Saint-Cricq en était un peu complice, et eut l'imprudence de s'en ouvrir à son mari peu avant de rendre le dernier soupir : « S'ils s'aiment, laissez-les être heureux ! » avait-elle dit. Mais le ministre de Charles X n'était pas aussi sentimental que son épouse : dès que celle-ci fut morte, il fit appeler Franz, le remercia avec une politesse glacée, l'assura de sa considération, lui régla son compte, et le pria de ne plus revenir. Caroline pensa en devenir folle. Elle tomba malade, voulut se jeter dans un couvent, mais peu après son père la mariait fermement avec un petit noble béarnais, le comte d'Artigaux. Liszt ne reverra pas la comtesse d'Artigaux avant 1844, nous verrons dans quelles circonstances touchantes.

Caroline de Saint-Cricq

1829 Après la crise et le drame de 1827, après les émotions sentimentales de l'année précédente, Liszt est brisé. Il subit une nouvelle dépression, plus grave encore, et tombe malade. Sa mort est même annoncée par certains journaux, et un chroniqueur de « L'étoile » publie un article nécrologique extrêmement élogieux.

Et en même temps, c'est une nouvelle crise mystique que sa déception amoureuse rend d'autant plus aiguë. Franz passe sa vie entre son confesseur, l'abbé Bardin qui, comme autrefois son père, s'efforce de combattre ses projets sacerdotaux, et Christian Uhran, premier violon à l'Opéra qui était si précautionneusement religieux que, dans la fosse d'orchestre, il s'arrangeait pour tourner le dos à la scène afin d'échapper aux entreprises du diable... Et de nouveau, ce sont de longues oraisons à l'église Saint-Vincent-de-Paul, des jeûnes et des pratiques ascétiques.

Tout Paris suit sa crise avec une attention à la fois attendrie et indiscrète, et l'on publie de très mauvais vers sur son chagrin :

« En vain tu te tais, jeune homme amoureux !
Tes grands yeux cernés, ta démarche lente,
Ta joue empourprée, et ta voix absente,
Vas, tout nous apprend que tu fus heureux... »

1830 Mais comme pour la crise précédente, Liszt ne va pas tarder à sortir de son abattement. Le monde et le travail le reprennent. Il faudra cependant attendre encore près d'un an pour qu'il remonte sur l'estrade où il n'a pas paru depuis déjà de longs mois. Mais cette fois ce n'est pas l'amour, mais la littérature qui va lui redonner vie. Les idées fermentent en lui à la suite de ses innombrables lectures : « Guillaume Tell », Montaigne, Voltaire, « Marion Delorme », « René », Sainte-Beuve, Lamartine, « Le génie du christianisme », Senancour, Kant, et surtout Lamennais. Tout cela, absorbé pêle-mêle, se dépose, se décante bien, et une folle exaltation intellectuelle commence. Justement, il vient de faire la connaissance de Lamennais : c'est un coup de foudre qui achève de lui rendre toute sa passion pour la vie. Il ne fréquente plus seulement les salons mondains, mais aussi et surtout les salons artistiques. Il va voir Berlioz qui lui révèle le « Faust » de Gœthe pour lequel Franz s'enflamme aussitôt.

Mais surtout ce qui va enflammer notre « musicien de droite », ce sont « Les trois Glorieuses ». Liszt et sa mère viennent tout juste de quitter le square Montholon pour s'installer dans un appartement plus grand, rue de Provence. La catégorie « intellectuels de gauche » ne date pas d'aujourd'hui, avec les mêmes qualités, les mêmes enthousiasmes, et les mêmes naïvetés touchantes. Pendant ces journées ardentes où la fièvre s'empare des Parisiens, et où un soleil de juillet, particulièrement ardent lui aussi cette année-là, se déchaîne sur la capitale, Franz se jette *con fuoco* dans la composition d'une *Symphonie révolutionnaire* « dédiée à La Fayette » qui d'ailleurs ne sera jamais terminée, mais dont on retrouvera des fragments dans des œuvres ultérieures (la *Marche héroïque* et l'*Héroïde funèbre*). Comme dit sa mère : « Le canon l'a guéri ! »

A l'automne, il reprend les concerts. Et il le fait avec une singulière audace : il affiche les sonates de Beethoven, les concertos, chose fort osée dans un Paris musicalement assez frivole et où la musique de Beethoven faisait « éternuer » le directeur du Conservatoire.

Le 4 décembre, il va rendre visite à Berlioz. C'est la veille de la création de la « Symphonie fantastique ». La soirée du lendemain n'est plus à raconter, elle est dans toutes les mémoires. Mais Liszt fut un des plus fidèles supporters du « Jeune France ». Il applaudit à tout rompre, et pour finir emmène Berlioz souper chez lui, rue de Provence.

En 1830, « le petit Litz » est devenu un homme.

Lamennais, par Guérin   *Liszt en 1830*

MARCHE HONGROISE
d'Après Schubert

Lith.

Pour Piano

F. LISZT.

Prix 7f 50

Collection des Ouvrages de F. LISZT, Publiés par BERNARD-LATTE.

Op. 5. TROIS MORCEAUX de SALON

N° 1. Fantaisie romantique. *Sur deux mélodies Suisses.*
2. Rondeau fantastique. *Sur El Contrabandista.*
3. Divertissement. *Sur une Cavatine de Pacini.*

Op. 6. GRANDE VALSE DI BRAVURA
La même à 4 mains.

Op. 10. TROIS AIRS SUISSES - VALSE

N° 1. Improvisata. *Sur un Ranz des vaches.*
2. Un soir dans les montagnes. *Nocturne.*
3. Allegro finale. *Sur un Ranz de Chèvres.*

GRAND GALOP CHROMATIQUE.
Le même à 4 mains.

NUITS D'ÉTÉ A PAUSILIPPE. *Trois amusements sur des motifs de Donizetti.*
Andante final de Lucie de Lammermoor 2° Acte.

à Paris chez BERNARD-LATTE éditeur Boulevard des Italiens 2. Passage de l'Opéra.

Le Tzigane

L'année 1831 sera relativement calme. Rien de saillant à signaler, du moins sur le plan strictement musical, sinon quelques tournées soit en France, soit en Allemagne. Enthousiasmé par la « Symphonie fantastique », Liszt en a fait une transcription acrobatique pour piano à deux mains dont il a lui-même financé la publication, et qu'il est d'ailleurs alors le seul à pouvoir exécuter.

Pendant ses séjours à Paris, il fait la connaissance de Mendelssohn et de Hiller qui y résident quelques mois ; et il fait surtout celle de Félicien David qui l'amène au saint-simonisme. Son exaltation intellectuelle reprend de plus belle. Dans cette religion sociale où il découvre l'idée de la « femme rédemptrice » et de « l'art social », il retrouve l'écho des théories de Lamennais qui lui avait enseigné que la régénération de l'art, c'est une régénération sociale. Chez les saint-simoniens, il retrouve un climat proche de ses aspirations sacerdotales et de son goût de l'apostolat ; et surtout il se trouve en parfait accord avec sa vocation artistique. Tous ses complexes sont effacés. Il est en équilibre parfait.

La Place de la Concorde en 1829, par Cane

1832 Si l'année précédente n'a pas été très riche pour la musique, il n'en sera pas de même pour celle-ci. L'exaltation philosophique continue, certes. D'ailleurs elle continuera jusqu'à son dernier souffle. Mais 1832 est une année de grande activité musicale, et aussi de grandes découvertes.

D'abord le 9 mars, c'est le premier concert parisien de Paganini dans la salle de l'Opéra. Liszt est un peu agacé sur le plan humain, le virtuose lui paraît bien suspect, à lui qui connaît assez bien la question : *Un moi monstrueux ne saurait être qu'un dieu solitaire et triste*, écrit-il à cette occasion. Mais, en fait, il est fasciné sur le plan technique. Et, comme Schumann qui y songe aussi de son côté, Liszt pense qu'il peut y avoir un Paganini du piano. C'est là chez lui un grand combat intime et, le 2 mai, il écrit à l'un des élèves, Pierre Wolf : *Mon esprit et mes doigts travaillent comme des damnés ; Homère, la Bible, Platon, Locke, Byron, Hugo, Lamartine,*

Chateaubriand, Beethoven, Bach, Hummel, Mozart, Weber sont tous à l'entour de moi. Je les étudie, les médite, les dévore avec fureur ; de plus je travaille quatre à cinq heures d'exercices (tierces, sixtes, octaves, trémolos, notes répétées, cadences, etc.). Ah ! pourvu que je ne devienne pas fou, tu retrouveras un artiste en moi. Oui, un artiste tel que tu les demandes, tel qu'il en faut aujourd'hui. Et moi aussi, je suis peintre ! s'écria Michel-Ange la première fois qu'il vit un chef-d'œuvre... Quoique petit et pauvre ton ami ne cesse de répéter les paroles du grand homme depuis le dernier concert de Paganini.

A peu près en même temps il avait eu la révélation de Chopin qui venait de jouer à Paris, et à propos duquel Schumann avait écrit l'année précédente son fameux article « Chapeau bas, Messieurs ! un génie ! » Et c'est précisément à lui, Franz Liszt, que Chopin dédiera son premier cahier d' « Études » (comme plus tard Schumann dédiera sa « Fantaisie » à Liszt, et ce dernier sa *Sonate* à Schumann : ces petits cadeaux par-dessus les frontières entre gens qui se connaissent à peine ne manquent pas d'allure !).

Ce sont aussi les « Études » de Chopin qui vont amener Liszt à remanier ses propres exercices de jeunesse et à en faire les *Études transcendantes*. Et c'est l'éblouissement de Paganini qui va lui inspirer ses *Six Études*, dont *La Campanella*. A vingt et un ans, Liszt aura donc déjà inventé la technique moderne du piano !

Comme professeur, il fait merveille : « Admirable, admirable leçon, écrit Valérie Boissier (une de ses élèves), j'aurais voulu inscrire à mesure tous les mots sortis de cette bouche de vingt ans. » Et elle ajoute : « Cette organisation-là est tout autre que celle des autres êtres. La nature le créa dans un accès de magnificence. » Il faut dire aussi que sa beauté fait grand effet ; la célèbre lithographie de Deveria, publiée en cette année 1832, en porte témoignage.

C'est enfin à cette époque que le principe de la musique descriptive lui est révélé : le 9 décembre, au Conservatoire, il entend « Épisode de la vie d'un artiste, ou le retour à la vie », de Berlioz. C'est la semence des futurs poèmes symphoniques.

*Adèle de Laprunarède
par Guérin*

1833 Au cours de l'hiver 1832-1833, Liszt connaîtra une
nouvelle aventure amoureuse, qui défraiera une fois de plus
la chronique parisienne : sans avoir positivement adhéré au
saint-simonisme, il continue d'en subir profondément l'influence. Chassant le souvenir de Caroline, il s'éprend de la
comtesse Adèle de Laprunarède. C'est dans un château perdu
au milieu des Alpes que se déroule cette brève aventure.
Bloqués par les neiges, Franz et Adèle s'aimeront sous le
regard distrait d'un mari barbon.

Cependant, au milieu de l'année, au cours d'une surprise-
party que Heine, Delacroix et Mickiewicz avaient organisée
chez Chopin, Liszt avait fait la connaissance de Marie
d'Agoult. Un sentiment très vif était né entre eux, sentiment
auquel l'un et l'autre s'efforçaient d'échapper. Mais ils y
céderont enfin, George Sand ayant avec habileté précipité
les choses. Un événement tragique va encore les rapprocher,
alors qu'il aurait pu au contraire les éloigner : la mort de

Louison, fille de Marie, que Liszt et la comtesse d'Agoult ont veillée pendant une douloureuse maladie. Marie pense voir là la punition de Dieu ; mais, avec un peu de philosophie et beaucoup d'exaltation, Franz évite la rupture.

Cette période est encore marquée par une grande fermentation intellectuelle. Liszt a de nombreuses conversations avec Lamennais et le père Enfantin dont il subit profondément les influences. Lamennais se passionne pour ce jeune homme dans lequel il voit l'incarnation de l'un de ses types favoris : l'artiste croyant et social. En revanche, Liszt affirme curieusement qu'il est contre l'art pour l'art. Dans l'énorme correspondance qu'il entretient en ces mois avec Madame d'Agoult, il développe des idées de ce genre. Et bientôt, il écrira : *Que l'artiste de l'avenir renonce donc, et de tout cœur, à ce rôle égoïste et vain dont Paganini, nous le croyons, fut un dernier et illustre exemple ; qu'il place son but non en lui, mais hors de lui ; que la virtuosité lui soit un moyen et non une fin ; qu'il se souvienne toujours qu'ainsi que noblesse, et plus que noblesse sans doute : génie oblige !*

Dans son exaltation passionnée, il y a bien des choses contradictoires, brouillonnes, mais à Heine qui lui reproche son « girouettisme » idéologique il répond : *Vous m'accusez d'avoir un caractère mal assis, et pour preuve vous énumérez les nombreuses causes que j'ai, selon vous, embrassées avec ardeur, les écuries philosophiques où j'ai tour à tour choisi mon dada. Mais dites ? Cette accusation que vous faites peser sur moi tout seul, ne devrait-elle pas, pour être équitable, peser sur notre génération entière ?... Ne sommes-nous pas tous assez mal assis entre un passé dont nous ne voulons plus et un avenir que nous ne connaissons pas encore ? Vous-même, vous qui avez une haute mission de penseur et de poète, avez-vous toujours bien discerné les rayons de votre étoile ?... Le siècle est malade, nous sommes tous malades avec lui et, voyez-vous, le pauvre musicien a encore la responsabilité la moins lourde, car celui qui ne tient pas la plume et ne porte pas l'épée peut s'abandonner sans trop de remords à ses curiosités intellectuelles, et se tourner de tous les côtés où il croit apercevoir la lumière.*

C'est en 1833 que Liszt composera *Pensées des morts*.

1834 Paris a admis l'amour de Franz et de Marie. Celle-ci est tourmentée. Au printemps, celle que son salon littéraire a fait surnommer la « Corinne du quai Malaquais » va voir une pythonisse à la mode qui tenait ses assises dans un antre infect de la rue de Tournon, Mademoiselle Lenormant : « Un changement total se fera bientôt dans votre destinée, lui dit-elle. Vous changerez même de nom par la suite, et votre nom nouveau deviendra célèbre en Europe. Vous quitterez pour longtemps votre pays. Vous aimerez un homme qui fera sensation dans le monde. Défiez-vous de votre imagination qui s'exalte facilement et vous jettera dans bien des périls dont vous ne sortirez que par grand courage. »

A l'automne, Liszt se retirera quelque temps chez Lamennais, à La Chênaie, « oasis au milieu des steppes de la Bretagne ». Une correspondance considérable avec Marie s'ensuivra. Il travaille à quelques études théoriques, et notamment à un article sur l'ennoblissement de la musique religieuse qui sera publié dans la « Gazette musicale ». C'est là une question qui le préoccupera — fort légitimement d'ailleurs en ce siècle — jusqu'à la fin de sa vie.

C'est également en cet automne 1834 qu'il compose la première pièce de ses cahiers d'*Années de pèlerinage* : il s'agit d'un morceau intitulé *Lyon*, et qui lui est inspiré par la révolte des ouvriers lyonnais. Au haut de son manuscrit, il porte en épigraphe le cri de ralliement des insurgés : « Vivre en travaillant. Mourir en combattant. » L'œuvre est dédiée à M. F. de L...

1835 En revenant de chez Lamennais, Franz trouve Marie toujours tourmentée, en proie à des luttes de conscience. Elle est maigre, défaite, ainsi partagée entre son chagrin et son amour.

Enfin, la grande décision est prise : en août, Liszt enlève littéralement la comtesse d'Agoult. Les amants partent pour la Suisse où les accompagne la mère de Marie, précaution artificielle destinée à minimiser le scandale. Le 21 août, ils arrivent à Genève, et s'installent à l'Hôtel des Balances. Le scandale ayant évidemment éclaté, la mère, devenue inutile, regagne

La comtesse d'Agoult, par Lehmann.

bientôt Paris, et les laisse seuls au moment où ils s'installent dans un petit logement de la rue Tabazan, à l'angle de la rue des Belles-Feuilles. De leurs fenêtres, ils ont une vue sur le magnifique panorama du Salève et du Jura.

Période de grand amour, mais aussi de grand travail. Pour Liszt, un jour sur deux est consacré au piano ; l'autre est consacré à la folie de lecture à laquelle il s'adonne afin de se mettre au niveau intellectuel de sa compagne. Il entre comme auditeur à l'Académie, et suit les cours de philosophie du professeur Choisy. La société genevoise boude évidemment ce couple irrégulier et si voyant. Cependant les deux amants se feront un petit cercle d'amis auprès desquels Liszt trouvera encore de précieux enseignements : le botaniste Pyrame de Candolle, le savant Adolphe Pictet, l'historien Simonde de Sismondi, puis des amis de Chopin, le prince et la princesse de Belgiojoso et la comtesse Potocka.

Gagnée par la belle fièvre intellectuelle de son compagnon, Marie se met à écrire (d'ailleurs, elle avoue qu'elle s'ennuie un peu à Genève). On fait des promenades dans les environs, des voyages même, et c'est de là que naîtront quelques-uns des premiers morceaux du cahier suisse des *Années de pèlerinage* pour piano, notamment *Au lac de Wallenstadt*, *Au bord d'une source*, et *La vallée d'Obermann*. C'est également l'époque où Liszt rédige sa grande étude *De la situation des artistes*, écrit dans lequel il exprime ses préoccupations sociales, mais résultant aussi des soucis que lui donne sa situation irrégulière vis-à-vis d'une comtesse.

Le manque d'argent viendra bientôt le rappeler à des obligations plus prosaïques. Liszt se remet à donner des concerts. Mais (et tout Liszt est dans ce trait), la plupart d'entre eux sont des concerts de charité qui ne lui rapportent rien. De même, il a été nommé professeur au Conservatoire, mais son cours est gratuit ; aussi est-il contraint de donner des leçons particulières payantes pour pouvoir vivre. Le carnet de ses observations sur ses élèves est charmant : *Julie Raffard : sentiment musical très remarquable. Très petites mains. Exécution brillante. Amélie Calame : jolis doigts, le travail est assidu et très soigné, presque trop. Capable d'enseigner. Marie Demellayer : méthode vicieuse (si méthode il y a), zèle extrême, dispositions médiocres. Grimaces et contorsions. Gloire à Dieu dans le ciel, et paix aux hommes de bonne volonté. Ida Milliquet : artiste genevoise ; flasque et médiocre. Assez bonne tenue au piano. Jenny Gambini : beaux yeux.*

Enfin, le 18 décembre, un événement qui sera une grande joie pour les deux amants : la naissance de leur première fille, Blandine. Le jour même, dans l'enthousiasme, Liszt compose une nouvelle pièce des *Années de pèlerinage, Les cloches de Genève*, qu'il dédiera à l'enfant.

1836 La vie coule, assez paisible. Franz a une passion pour sa fille dont la naissance, détail curieux, a arrangé bien des choses vis-à-vis de la société genevoise qui, maintenant, admet le ménage.

Au printemps, on écrit à George Sand, la pressant de se joindre à un voyage dans la région de Chamonix. *Depuis six mois*, ajoute Franz *je ne fais qu'écrire, écrivasser, et écrivailler des notes de toutes les couleurs et de toutes les façons. Je suis convaincu qu'en les supputant, on en trouverait quelques milliards. Aussi suis-je devenu scandaleusement bête, et, comme dit le proverbe, stupide comme un musicien.* Mais on n'attend pas l'arrivée de l'amie parisienne, et, sous la conduite de Pictet — qui est devenu le mentor et le professeur du ménage — on va s'installer au pied du mont Blanc. Début septembre, George Sand et ses deux enfants arrivent à Genève. N'ayant trouvé personne, elle se lance à la poursuite des Liszt qu'elle trouve, en effet, à Chamonix. Sur le livre de l'Hôtel de l'Union, Franz a donné un signalement plein de poésie : *musicien-philosophe, né au Parnasse, venant du Doute, allant à la Vérité.* Pour ne pas être en reste, George Sand s'inscrit sur le même ton. « *Nom des voyageurs* : famille Piffoëls. *Domicile* : la Nature. *D'où ils viennent* : de Dieu. *Où ils vont* : au Ciel. *Lieu de naissance* : Europe. *Qualités* : flâneurs. *Date de leurs titres* : toujours. *Délivré par qui* : par l'opinion publique. »

Gravure extraite de Une course à « Chamounix », *par Pictet.*

Toute la bande mène une vie d'étudiants turbulents, et suffoque un peu les gens de ce lieu alors relativement paisible. Après les excursions traditionnelles, on repart pour Genève en passant par Fribourg où Liszt jouera le « Dies iræ » de Mozart sur les orgues de Mooser à la cathédrale.

Mais soudain le bruit vient jusqu'à Liszt des succès remportés à Paris par le pianiste viennois Thalberg. Piqué au vif, Franz décide de reparaître aussitôt sur les estrades françaises, tandis que, pour éviter toute difficulté avec la société parisienne, Marie ira habiter l'hiver à Nohant, chez George Sand. Malheureusement Liszt arrive trop tard pour se mesurer avec Thalberg qui a déjà quitté la capitale. On lui montre cependant les compositions que celui-ci a laissées — compositions dont certains critiques disent qu'elles sont supérieures à celles de Chopin. Liszt les trouve mauvaises, et s'empresse de l'écrire dans la « Revue musicale ». C'est le début d'une grande rivalité.

Le 18 décembre, Liszt se présente à nouveau devant le public de la capitale. L'ambiance est mauvaise. Le public est glacial et de mauvaise humeur. Il s'agit d'un concert Berlioz au cours duquel Liszt joue sa propre transcription de la « Symphonie fantastique ». En quelques minutes, ces auditeurs hostiles sont dégelés et acclament follement le pianiste. Liszt a gagné la première manche.

1837 Mais en février, Thalberg revient à Paris, et donne un concert triomphal au Théâtre Italien. Liszt relève aussitôt le défi, et loue l'Opéra où il remporte un succès non moins triomphal. Le duel final devait avoir lieu chez la princesse Belgiojoso où les deux pianistes s'affrontent en un joint-recital. Thalberg joue sa fantaisie sur « Moïse », et Liszt sa fantaisie sur « Niobé ». On a peine à croire aujourd'hui comment la vanité d'artistes intelligents jointe à la cruauté mondaine pouvait, malgré tout, donner lieu à de semblables tournois. D'ailleurs Liszt n'était pas dupe, qui écrivait : *En vérité, de ce qu'un artiste n'accorde pas à un autre une valeur que la foule semble ·avoir exagérée, sont-ils nécessairement ennemis ? Sont-ils réconciliés parce qu'en dehors des questions d'art, ils s'apprécient et s'estiment mutuellement ?* Et on faisait des mots : « Thalberg est le premier pianiste du monde, disait une dame, mais Liszt est le seul ! » En fait, malgré son ton conciliateur, Liszt était un peu de l'avis de Chopin qui avait déclaré : « Thalberg joue excellemment, mais ce n'est pas mon homme. Il joue les *forte* et les *piano* avec la pédale, mais pas avec les mains, fait les dixièmes aussi aisément que je fais les octaves, et porte des boutons de chemise en diamant. »

Pendant cet hiver 1836-37, les concerts se succèdent. Entre deux tournées, Liszt fait de courts séjours à Nohant où se morfond Marie. C'est une des très belles périodes de la correspondance des deux amants.

De mai à juillet, pendant une accalmie, il va lui-même s'installer à Nohant où George Sand est également venue pour écrire « Mauprat ». « Quand Franz joue, écrit-elle dans son journal, je suis soulagée. Toutes mes peines se poétisent, tous mes instincts s'exaltent. J'aime ces phrases entrecoupées

qu'il jette sur le piano et qui restent un pied en l'air. Les
feuilles des tilleuls se chargent d'achever la mélodie. Artiste
puissant, sublime dans les grandes choses, toujours supérieur
dans les petites, triste pourtant, et rongé d'une plaie secrète.
Homme heureux, aimé d'une femme belle, généreuse, intelligente et chaste — que te faut-il, misérable ingrat ? Ah !
si j'étais aimée, moi !... » Il faut dire que c'est l'époque où
elle vient d'en finir avec Musset. Mais le règne de Chopin
va bientôt commencer.

Giorgia S... (anonyme)

C'est pendant ce séjour à Nohant que Liszt rédige ses stupéfiantes transcriptions des symphonies de Beethoven pour piano à deux mains, ainsi que ses premiers arrangements des lieder de Schubert.

Autour d'un homme séduisant et brillant comme Franz, les rapports de deux dames comme George Sand et Marie d'Agoult ne peuvent manquer de devenir un peu nerveux. Liszt s'en aperçoit. Ce genre d'agacement lui est intolérable. Il emmène Marie. C'est la dernière fois qu'il voit George Sand. Ces petites difficultés sont annonciatrices de la brouille qui ne tardera plus, et qui, par la suite, ne permettra pas à Liszt et à Chopin de jouir complètement de leur amitié réciproque.

En juillet, Franz et Marie sont à Lyon. Après un concert de bienfaisance, ils s'en vont à Mâcon, puis à Saint-Point où ils sont reçus par Lamartine. Un soir, celui-ci fait une lecture de « Bénédiction de Dieu dans la solitude », et Liszt se met au piano pour jouer *Harmonies du soir* qui sont dédiées au poète. C'est ensuite Chambéry, puis Bellagio, sur le lac de Côme. Seconde lune de miel, vie d'extase amoureuse. Vie laborieuse aussi : il compose là *Après une lecture de Dante*, et récrit complètement les *Études d'exécution transcendante*.

Et, le 25 décembre, c'est la naissance de la seconde fille, Cosima.

Entre-temps, Liszt, qui passait le meilleur de son temps à donner des concerts au profit d'œuvres charitables, ne cessait de s'inquiéter pour sa situation matérielle. Justement, Hummel venait de mourir, laissant libre le poste de directeur de la musique à Weimar. Franz songea un moment à briguer cet emploi, mais l'irrégularité de sa situation lui interdisait de donner suite à ce projet.

C'est aussi en cette fin d'année 1837 qu'il écrivit, pour la « Gazette musicale », un des premiers grands articles de langue française sur la musique de Schumann, article dans lequel, avec une clairvoyance magistrale, il définissait la signification des premières œuvres pianistiques de ce maître.

1838 Dès l'avant-printemps, la caisse du ménage étant vide, Franz reprend ses tournées de concerts. La première apparition a lieu à la Scala de Milan, sous le patronage de la maison Ricordi, dans une ville pour qui le piano n'est pas le comble de l'art. Liszt fait la part des choses, des gens et des mœurs : il improvise des fantaisies brillantes sur des thèmes proposés par le public, thèmes empruntés tantôt aux auteurs à la mode comme Donizetti ou Bellini, tantôt aux suggestions les plus lointainement musicales de certains auditeurs (à son troisième concert milanais, il eut à décrire pianistiquement le célèbre dôme de la ville et, mieux encore, à répondre, toujours pianistiquement, à la question : « Vaut-il mieux être marié que garçon ? » Mais il joua le jeu, se fit complice, et c'est à la faveur de cette complicité et de ce succès qu'il put imposer au public milanais les sonates de Beethoven, ce qui était d'une singulière audace à l'époque.

C'est là une belle victoire dont Liszt a légitimement lieu de se montrer fier. Mais cela ne lui suffit pas. Ces acrobaties commencent à le désoler, à l'humilier : *L'heure du dévouement et de l'action virile ne viendra-t-elle point ? Suis-je condamné sans rémission à ce métier de baladin et d'amuseur de salon ?* écrit-il à Lamennais.

C'est ensuite Venise où la frivolité du public porte sa désolation à son comble. Il y laisse Marie et, seul, part aussitôt pour Vienne où il tient à jouer au profit des sinistrés hongrois victimes des inondations du Danube. Engagé pour deux concerts, il en donne dix en un mois. Il y a là pour lui une grande consolation : après l'Italie, quel public sérieux ! Ce séjour lui donne une grande impression d'efficacité : il a pu envoyer 25.000 gulden aux Hongrois ; il a joué devant la cour, et il a plu ; il a composé les *Soirées de Vienne* et terminé ses deux recueils de transcriptions des lieder de Schubert ; il a pu imposer au public les œuvres récentes de Chopin et de Schumann ; il a découvert le « Carnaval » et les « Phantasiestücke » de ce dernier ; et surtout, il a fait connaissance avec Clara Wieck dont il a éprouvé la séduction. De la part de la future épouse de Schumann, la réciproque est vraie, bien que la turbulente et riche nature de Liszt fasse un peu frémir son « modus » petit-bourgeois : « Nous avons entendu Liszt, écrit Clara dans son journal. Il ne peut être comparé à aucun virtuose — seul de son espèce. Il provoque l'effroi et l'étonnement, et c'est un artiste très aimable. Son attitude au piano ne peut se décrire — il est original — il sombre devant l'instrument. Sa passion ne connaît aucune limite. Il blesse souvent le sentiment du beau parce qu'il déchire la mélodie. Son esprit est grand. On peut dire de lui : son art est sa vie. » Assez joli compliment !

Il veut profiter de sa présence à Vienne pour pousser jusqu'en son pays natal, mais une lettre de Marie, malade à Venise, le rappelle. La nuit de son départ, tous les amis, musiciens ou seigneurs (dont Czerny et Clara), lui offrent une fête splendide et l'accompagnent joyeusement et solennellement à la diligence.

Ayant retrouvé Marie, il l'emmène à Lugano pour sa convalescence. Malgré le succès milanais, Liszt avait gardé un assez mauvais souvenir de cette aventure. Et, entre-temps, il avait adressé à la « Gazette musicale » de Paris un article extrêmement vif sur la Scala et la musique italienne. La critique milanaise se dresse aussitôt contre lui. Trois grands journaux publient des articles intitulés « Guerra al F. Liszt ! » De Lugano, il envoie cette réponse aux trois rédactions : *Monsieur, les invectives et les injures des journaux continuent. Ainsi que je l'ai déjà dit, je ne m'engagerai point dans une guerre de plume. Sur le ton où « Le Pirate » et le « Courrier des théâtres » l'ont commencée, ce ne pourrait être qu'un échange de grossièretés. Je puis encore moins répondre à des insultes anonymes. Ainsi donc, je déclare, pour la centième et dernière fois, que mon intention n'a jamais pu être d'outrager la société milanaise. Je déclare aussi que je suis prêt à donner à quiconque voudra me les demander toutes les explications nécessaires. Vendredi matin, 20 juillet.*

Là-dessus, il part lui-même pour Milan. S'y étant fait ostensiblement promener dans une voiture ouverte, il attendit les réactions, installé dans le hall de son hôtel. Mais il ne vit rien venir...

Cette escarmouche italienne ne le dégoûte cependant pas du pays. Au reste, une série de concerts l'y attend. Et il y restera jusqu'à la fin de l'année, jouant à Modène, Florence et Bologne notamment, profitant aussi de la circonstance pour visiter avec Marie les musées et les églises.

1839 Fin janvier, la famille s'installe à Rome, Via della Purificazione, et cela pour une dizaine de mois. Bien que la présence et l'humeur de Marie lui paraissent parfois un peu pesantes ou irritantes, Liszt est enchanté : *Le beau, dans ce pays privilégié, m'apparaissait sous ses formes les plus pures et les plus sublimes,* écrit-il. *L'art se montrait à mes yeux dans toutes ses splendeurs ; il se révélait à moi dans son universalité et dans son unité. Le sentiment et la réflexion me pénétraient chaque jour davantage de la relation cachée qui unit les œuvres de génie. Raphaël et Michel-Ange me faisaient mieux comprendre Mozart et Beethoven ; Jean de Pise, Fra Beato, Francia m'expliquaient Allegri, Marcello, Palestrina ; Titien et Rossini m'apparaissaient comme deux astres de rayons semblables. Le Colysée et le Campo Santo ne sont pas si étrangers qu'on pense à la « Symphonie héroïque » et au « Requiem ». Dante a trouvé son expression pittoresque dans Orcagna et Michel-Ange ; il trouvera peut-être un jour son expression musicale dans le Beethoven de l'avenir.* Ces lignes sont extraites d'une des *Lettres d'un bachelier ès musique* dédiée à Berlioz, et datée du 2 octobre 1839.

Pendant toute cette période, Liszt va compléter ses *Années de pèlerinage*, et composer quelques-unes des pièces maîtresses de ses deux cahiers italiens, notamment les trois *Sonnets de Pétrarque, Il pensieroso* et *Sposalizio*, pièces qui se réfèrent à beaucoup de suggestions extérieures à Rome, car Franz et Marie voyagèrent beaucoup cette année-là.

C'est pendant cette période que Liszt se lie avec Ingres, alors directeur de l'École de Rome. Et c'est grâce à notre musicien que nous savons, de source plutôt autorisée, que le célèbre « violon d'Ingres » n'est pas une blague : *Ah ! si tu l'avais entendu alors !* écrit Liszt qui joua avec lui la « Sonate en la mineur » de Beethoven. *Avec quelle religieuse fidélité il rendait la musique de Beethoven ! Avec quelle fermeté pleine de chaleur il maniait l'archet ! Quelle pureté de style, quelle vérité dans le sentiment ! Malgré le respect qu'il m'inspire, je ne pus me défendre de me jeter à son cou, et je fus heureux en sentant qu'il me pressait contre sa poitrine avec une paternelle tendresse.*

Cependant, des nuages s'amoncellent sur le ménage Liszt. En dépit de la naissance d'un troisième enfant, un garçon, Daniel, une certaine tension est née entre les deux êtres. Marie, très féminine, assez bas-bleu, n'a pas suivi le développement de Franz, cet épanouissement qui ne s'est pas effectué seulement dans le domaine intellectuel où elle pouvait le dominer, mais cet épanouissement de tout l'être génial. Elle pose aux victimes. Elle dit de prétentieuses sottises. Elle se compare volontiers aux grandes inspiratrices de l'histoire. Louis de Ronchaud assista un jour à une conversation où Liszt, sans doute excédé, lança un mot extraordinaire. Marie avait suggéré à Ronchaud de défendre son point de vue, et celui-ci avait dit : « Elle a raison ; la femme est l'inspiratrice de l'homme : voyez Dante et Béatrice ! » Et Liszt : *Ce sont les Dante qui font les Béatrice — et les vraies meurent à dix-huit ans !* Il est vrai qu'ils étaient quittes, car, une autre fois, Marie l'avait traité de « Don Juan parvenu » ! Comme beaucoup d'amis, elle lui reprochait aussi sa carrière pianistique, profonde maladresse à l'égard d'un homme qui était le premier à en souffrir, et qui s'était déjà expliqué sur ce sujet vis-à-vis de Pictet : *Mon piano, c'est, pour moi, ce qu'est au marin sa frégate, c'est ce qu'est à l'Arabe son coursier, plus encore peut-être, car mon piano, jusqu'ici, c'est ma parole, c'est ma vie ; c'est le dépositaire intime de tout ce qui s'est agité dans mon cerveau aux jours les plus brûlants de ma jeunesse ; c'est là qu'ont été tous mes désirs, tous mes rêves, toutes mes joies, et toutes mes douleurs...*

Et puis enfin, une femme et trois enfants...

Courtoisement excédé, Liszt renvoie tout le monde à Paris, chez sa mère, en novembre, et reprend la vie de virtuose errant. Fidèle à ce principe d'incorrigible contradiction qui marquera toute sa carrière, cet homme qui joue du piano pour gagner son pain commence par donner toute une série de concerts qui ne lui rapporteront que de la gloire. Il s'agit de l'affaire du monument Beethoven, à Bonn. Une souscription avait été organisée. En France, elle avait donné 424 francs 90. Liszt s'était mis dans une colère fort violente mais bien méritée pour son pays d'adoption. Il écrit aussitôt à Bonn pour annoncer qu'il va donner des concerts ; et il garantit 60.000 francs. Entre le 18 novembre et le 4 décembre, il donne six concerts à Vienne. A tous égards, c'est un triomphe. Puis il va jouer à Presbourg où, vingt ans auparavant, il se présentait pour la première fois en public. Le 21 décembre, **il fait une entrée spectaculaire à Pesth où il a été invité, et il est accueilli en héros national. Il s'installe chez le comte Leo Festetics, et donne plusieurs concerts qui déchaîneront les auditoires.**

1840 Au lendemain des fêtes de la nouvelle année, il remonte sur l'estrade à Pesth : les 2, 4, 8, 9, 11 janvier, il donne d'autres concerts. Un jour il provoque même un véritable délire musical et patriotique en improvisant une éclatante transcription de la *Rakoczy-Marche* qu'il reprendra plus tard dans l'une de ses rapsodies. Un sabre d'honneur lui est remis, et il reçoit le diplôme de citoyen d'honneur de la ville de Pesth devant des milliers de concitoyens qui l'acclament : « Eljen Liszt Ferencz ! »

Il s'arrache, non sans peine, à ces festivités, passe par Œdenbourg où il donne plusieurs autres concerts de bienfaisance, puis se rend à Raiding, son village natal, où il fait un séjour triomphal. Il y est reçu avec faste, et ne se montre pas moins fastueux au cours de cette grande fête municipale où il distribue de l'argent à tous les pauvres. C'est à ce moment qu'il commence de composer ses *Mélodies nationales hongroises*, son poème symphonique *Hungaria*, ainsi que ses *Rapsodies*.

36

Remise d'un sabre d'honneur à Liszt,
sur la scène du Théâtre de Budapest, 1840.

Puis il joue à Prague et à Dresde avec le même succès. Par contre, le 17 mars à Leipzig, ville conservatrice par excellence, il rencontre un insuccès brutal, et est même sifflé après avoir joué sa transcription de la « Symphonie pastorale » de Beethoven. Cet artiste gâté par les foules « encaisse » difficilement le coup. Désespéré, il se met au lit, et décommande ses autres concerts. Schumann, Mendelssohn, et Hiller l'entourent, viennent le voir, tentent de le réconforter, tant et si bien qu'il se décide cependant à donner un second concert au cours duquel il parvient tout de même à dégeler ce public revêche par tradition et par une sorte de snobisme local plus que par conviction véritable : cela, en donnant une éblouissante interprétation du « Konzertstück » de Weber, œuvre qui avait elle-même été sifflée lors de sa création à Leipzig.

C'est en cette occasion qu'il se lie avec Schumann qui, cependant, comme Clara, est un peu effrayé par cette physionomie de vedette tapageuse. Voici ce qu'il écrit, à Clara précisément, dans deux lettres datées des 18 et 20 mai : « Je n'ai jamais entendu jouer d'une façon aussi hardie, aussi déchaînée... Mais, Clara, ce genre n'est pas le mien ; je ne donnerais pas l'art que tu pratiques pour toute la splendeur de son jeu, dans laquelle je distingue une petite part de clinquant (...) Il est vraiment extraordinaire, mais ne le prends pas comme modèle, ma Clara Wieck, reste seulement ce que tu es (...) Liszt me paraît tous les jours plus grand, plus puissant (...) Il m'a joué les « Noveletten », un fragment des « Phantasiestücke », la sonate, et il m'a bouleversé. Il fait beaucoup de choses différentes de ma propre pensée, mais toujours géniales. »

Puis il poursuit sa vie errante à travers l'Europe : Londres, Hambourg, Bruxelles, Bade, Francfort, Bonn. Partout il soulève l'émerveillement. Et cependant, dans le métier de pianiste, il innove constamment. C'est ici le moment de le faire observer. Au cours de ces tournées, il impose des idées que nous trouvons toutes naturelles aujourd'hui, mais qui, alors, surprenaient, et dont il est l'audacieux créateur : il est le premier pianiste à jouer par cœur ; il est le premier à donner un récital pour piano seul ; plus encore, il est le premier à consacrer un récital à un seul musicien (et ceux qu'il impose ainsi sont alors des compositeurs non toujours admis par le grand public, comme Beethoven ou Schumann). En bref, c'est Liszt qui, à cette époque-là, invente la formule du récital moderne.

Enfin, à l'automne de cette année 1840 va se produire une rencontre dont l'importance sera considérable dans l'histoire de la musique : un jeune Allemand inconnu, musicien assez misérable, vient lui demander aide. Il s'appelle Richard Wagner. Ce premier contact a lieu dans une maison de la rue Casimir-Périer, à Paris. Les deux hommes ne se reverront plus avant six années.

1841 Dès le lendemain des fêtes du nouvel an, Franz est reparti. C'est d'abord l'Écosse, puis la Belgique en février, enfin l'Angleterre. Cette dernière tournée n'est pas très heureuse ; le public est tiède ou boudeur ; au surplus, Marie d'Agoult, qui ne cesse maintenant de le surveiller, lui impose sa présence avec une lourdeur qui semble avoir importuné le pianiste jusqu'à l'exaspération. Au printemps et au début de l'été, le succès revient avec des concerts à Hambourg, Kiel et Copenhague.

Pour les vacances, toute la famille s'installe dans l'île de Nonnenwerth, sur le Rhin. Repos et lectures. Exalté par cette région de légendes, Liszt se plonge dans la littérature et la poésie allemandes. Il dévore les ouvrages de Heine, Gœthe, Schiller, Uhland. On fait des excursions dans les environs, et de temps en temps, on va visiter Cologne dont la cathédrale inachevée enthousiasme cependant le pianiste : *J'ignore pourquoi,* écrit Liszt, *mais la vue d'une cathédrale m'émeut étrangement. Cela vient-il de ce que la musique est une architecture de sons, ou l'architecture est-elle de la musique cristallisée ? Je ne sais, mais certes il existe entre ces deux arts une parenté étroite. Moi aussi j'apporterai pour l'achèvement du dôme mon denier d'artiste.*

En novembre, on se sépare à nouveau. Marie rentre à Paris avec les enfants, et Liszt repart à travers l'Europe : en novembre, Weimar, où il est excellemment accueilli à la cour, au début de décembre, Leipzig, et à la fin de l'année, Berlin, où il s'installe pour deux mois, et où il donnera vingt et un concerts.

1842 Au cours de son séjour à Berlin, Liszt est l'objet des plus triomphales manifestations de sympathie. Son succès est à son comble, et des honneurs de toutes sortes lui sont décernés. C'est, en particulier, à ce moment que ce futur abbé sera admis à la loge maçonnique Royal York, distinction fort recherchée. Il approfondit encore sa connaissance de l'Allemagne, et son amour naturel pour ce pays s'en trouve fortifié. Dans ses lettres, il célèbre les beautés de tous ordres du « pays de la symphonie ».

Mais sa vie à Berlin n'est pas seulement officielle. L'intimité y tient une grande place. Il y a d'abord ce qu'un contemporain appelle joliment « une belle distraction féminine » en la personne de la grande tragédienne Charlotte de Hagn qui lui écrit des poèmes :

« Poète, ce qu'est l'amour, ne me le cache pas.
« - L'amour, c'est le souffle de ton âme suave.
« Poète, ce qu'est un baiser, apprends-le-moi.
« - Écoute : plus il est bref, plus ton péché est grave »

Car Charlotte parlait à merveille le français. Et Liszt de mettre aussitôt ces vers d'éventail en musique. Il dut laisser un singulier souvenir à l'actrice, car, plusieurs années après elle lui écrira : « Vous m'avez gâtée pour tous les autres hommes ; aucun ne peut soutenir la comparaison : vous êtes et restez l'unique. »

Il ne s'en tient d'ailleurs pas là. Et s'il inspire de pareils sentiments, il en éprouve lui aussi de singulièrement vifs : c'est l'époque où il rencontre cette femme prodigieuse, alors âgée de cinquante-sept ans, et pour laquelle il se découvre une étrange amitié amoureuse, celle qui fut amie de Gœthe et de Beethoven : Bettina von Arnim. Cette femme, qui s'y connaît assez bien en grands hommes, détecte aussitôt chez Liszt l'être d'exception. Le musicien est fasciné par cette frêle et méditative dominatrice. Il l'écoute passionnément, et lit, non moins passionnément, les abondants billets qu'elle lui adresse : « Par où que ce soit que tu me touches, tu éveilles chez moi le besoin de me rendre meilleure, un désir de l'effort comme on l'éprouve dans les premiers ravissements de la vie. Être artiste, qu'est-ce, sinon sentir mûrir en soi le temps ? Quel est le signe qui fleurit ta route ? La jeunesse. Puisse-t-elle être le seul médiateur de ton immortalité. L'enthousiasme n'est rien s'il ne défend le salut de l'homme, s'il ne devient source vive de santé... Toi qui plonges ta tête dans les sources de l'harmonie, en qui d'autre pourrais-tu espérer qu'en la nature, cette fille du ciel et de la terre ? Il faut que tu captes l'esprit du monde. Il doit sourdre de toi... Tu le sais bien, qu'entre tous ceux qui t'ont fêté il en est peu qui t'aient compris. Mais la jeunesse a pressenti la sainte ardeur de ton génie. Je te veux du bien ; je t'aime. Le temps m'a arrosé de sa fertilisante pluie ; en moi germent et poussent les grains secrets du plus haut vouloir. Réjouis-toi. Ne demande rien d'autre au destin que le pouvoir d'ouvrir à la jeunesse le monde enchanté des héros. » Ce sont là des lettres qu'il est agréable de recevoir aux environs de la trentaine, surtout quand elles viennent d'une femme qui a ainsi parlé à Gœthe et à Beethoven. Mais c'est aussi l'occasion de remarquer que la plupart des femmes qu'il a aimées furent des raisonneuses, des littéraires, des philosophardes. Notre musicien aimait ce style d'époque.

Après Berlin et ses triomphes de tous ordres, Liszt se rend à Kœnigsberg où il est accueilli avec le même faste par la société musicale, et où il est fait docteur honoris causa.

Au printemps, il fait une tournée en Russie et réside assez longtemps à Saint-Pétersbourg.

En été, c'est un séjour familial un peu morne à Nonnenwerth comme l'année précédente. En septembre, il fait un bref voyage à Weimar où la cour le sollicite de plus en plus, et où il sera nommé maître de chapelle le 2 novembre suivant. Liszt accepte ainsi des fonctions qu'il n'exercera réellement que deux ans plus tard, fonctions fixées par un document rédigé sous la signature de l'Intendant des théâtres : « Liszt vient passer chaque année trois mois ici, les mois de septembre et d'octobre, ou d'octobre et de novembre, et enfin le mois de février.

« I. Il désire avoir pour les concerts qu'il arrangera le commandement de la chapelle (l'orchestre), sans faire tort pour cela à M. Chélard qui dirigera la chapelle dans toutes les autres occasions.

« II. M. Liszt veut rester pour sa vie M. Liszt, sans accepter aucun titre.

« III. Pour la partie financielle, M. Liszt sera content de chaque somme qu'on jugera convenable de lui donner pour ses services pendant ces trois mois.

« Écrit après ma conversation avec M. Liszt, le 30 octobre 1842. M. Liszt m'a déclaré aujourd'hui qu'il accepterait avec reconnaissance et plaisir le titre de maître de chapelle en service extraordinaire. »

1843 Année de travail sans faits saillants : inlassables tournées en Allemagne, Russie et Pologne. En été, vacances de nouveau à Nonnenwerth. L'humeur de Marie ne s'est pas améliorée. Il faut dire que lors de ses derniers voyages, Liszt a encore fait retentir les trompettes de la renommée par ses amours passagères avec de belles admiratrices qui l'ont accompagné en un tumultueux et séduisant cortège.

On notera, à titre de simple curiosité, d'ailleurs sans conséquence, que c'est au cours de cette même année qu'il composera une mélodie intitulée *Jeanne d'Arc au bûcher*, sur un poème d'Alexandre Dumas.

Lola Montès, 1844.

1844 Avec la nouvelle année, les voyages reprennent. C'est essentiellement en Allemagne que Liszt donne alors ses innombrables concerts. Il passe par Dresde juste pour assister à une représentation de « Rienzi » : voulant féliciter Wagner, Liszt ne trouve chez ce dernier qu'un accueil méfiant et distant. Ce n'est encore qu'une brève rencontre. Il faut dire aussi que Liszt se déplace encore avec une escorte féminine qui fait quelque bruit, notamment avec la danseuse irlando-andalouse Lola Montès dont la beauté est aussi célèbre que les excentricités. Ce genre de tumulte n'est pas fait pour plaire à Wagner. Liszt ne se laissera d'ailleurs pas poursuivre très longtemps par cette personne aussi agitée que séduisante.

Mais l'aventure fera du bruit, et Marie d'Agoult en profitera pour mettre fin à une situation qui s'avère chaque jour plus fausse. C'est la rupture. Pour Franz, c'est un grand soulagement. Pour Marie, c'est le début d'une période de vengeance assez bassement haineuse. Elle fait sa rentrée dans le monde parisien, et, pour se libérer de ses fureurs, devient femme-auteur. Les compagnes de Liszt ont toujours été d'une extrême abondance de plume. Pour la circonstance, Marie se fait poétesse, et rédige ainsi son adieu au musicien :

« Non, tu n'entendras pas, de sa lèvre trop fière,
Dans l'adieu déchirant, un reproche, un regret,
Nul trouble, nul remords, pour ton âme légère
    « En cet adieu muet.
Tu croiras qu'elle aussi, d'un vain bruit enivrée,
Et des larmes d'hier, oublieuse demain,
Elle a d'un ris moqueur rompu la foi jurée
    « Et passé son chemin.
Et tu ne sauras pas qu'implacable et fidèle,
Pour un sombre voyage elle part sans retour ;
Et qu'en fuyant l'amant dans la nuit éternelle
    « Elle emporte l'amour. »

Comme on voit, Marie n'était pas douée pour la poésie. Nous verrons par la suite ce que sa fureur lui inspirera sur le plan littéraire.

Tout ceci n'empêche pas Liszt de se manifester à Paris, où il donne deux concerts éclatants les 16 et 25 avril au Théâtre Italien. Et ce sont de nouvelles tournées, de caractère alimentaire celles-là, car le musicien a tenu à assurer l'éducation de ses enfants, et cela de façon toujours somptueuse. Il visite les grandes villes de France, et c'est à cette occasion qu'un jour, à Pau, il rencontre l'héroïne de son premier amour, Caroline de Saint-Cricq devenue Mme d'Artigaux. Aussitôt, il compose pour elle, sur des vers de George Herwegh, sa mélodie, *Ich möchte hingehen wie das Abendroth*. Et sur le manuscrit, il trace la dédicace suivante : *Ce lied est le testament de ma jeunesse.*

1845 Liszt est maintenant obsédé par l'idée de trouver un établissement stable. La vie de virtuose lui paraît d'une vanité totale. Et cependant, il va la poursuivre encore. Cette année-là, ce seront des tournées en Espagne et au Portugal. En août, il se retrouvera en Allemagne : c'est enfin l'inauguration du monument Beethoven, monument à la souscription duquel il a si généreusement contribué. Et, en la circonstance, il va encore répandre l'argent afin que ces fêtes soient dignes de l'événement. Dans une grande fièvre, il s'occupe de tout. Il prête aussi son concours, et dirige la « Symphonie en ut mineur », le finale de « Fidelio », et joue le « Concerto en mi bémol ». Il fait également exécuter sa propre *Cantate de fête*, écrite pour la circonstance, et qui y est mal interprétée : sans attendre des applaudissements de politesse qui tardent d'ailleurs à venir, Liszt bisse aussitôt, et tout s'arrange.

1846 En février, Liszt, qui a maintenant pris ses fonctions de maître de chapelle à Weimar, revient diriger l'orchestre grand-ducal. Puis il reprend la route : Autriche, Hongrie, principautés danubiennes, Russie.

C'est également en cette année que Marie d'Agoult, devenue en littérature Daniel Stern, publie son premier roman de vengeance, *Nélida*, où l'auteur se peint sous des couleurs extrêmement flatteuses, et où Liszt, le mufle, devient un peintre, dévoré des remords d'avoir trompé celle qu'il aimait, et qui mourra en se repentant. Il est d'ailleurs curieux de noter que Liszt n'accepta jamais de se reconnaître dans cet écrit haineux, fielleux, et sans talent, mais où les allusions étaient cependant sans voiles.

Croyez-moi, Carolyne, je serais aussi fou
que Roméo si je le trouvais fou... FRANZ

Puisse l'ange du Seigneur vous conduire,
ô vous qui êtes ma radieuse étoile du matin.
CAROLYNE

« Nel mezzo del cammin di nostra vita... »

Cette année 1847 va marquer un tournant dans la vie de Liszt. Le virtuose errant ne cesse de songer à un autre mode d'existence. Il écrit au grand-duc Charles-Alexandre de Saxe : *Le moment vient pour moi (nel mezzo del cammin di nostra vita), de briser ma chrysalide de virtuose et de laisser plein vol à ma pensée... Le but qui m'importe avant tout et par dessus tout à cette heure, c'est de conquérir le théâtre pour ma pensée, comme je l'ai conquis pendant ces dernières années pour ma personnalité d'artiste.*

C'est cependant en faisant une fois de plus le baladin pianistique qu'il va trouver son chemin de Damas. En février, il est en tournée à Kiev. Au concert, il y a une auditrice très exaltée qui, ayant entendu à la messe le *Pater noster* de Liszt, a payé son billet la somme exorbitante de cent roubles, car tout était loué. Elle se fait présenter le pianiste. Elle le regarde droit dans les yeux et, quelques mois plus tard, notre apôtre de la liberté masculine se retrouve en vacances chez la nouvelle dominatrice, une petite noiraude, qui vient ainsi d'entrer

47

La princesse Carolyne et sa fille, d'après Casanova.

dans sa vie : Jeanne Elisabeth Carolyne Iwanowska, princesse Nicolas de Sayn-Wittgenstein, dont les domaines sont situés en Russie méridionale, à Woronince.

Ces vacances se prolongèrent pendant l'automne et l'hiver. Une fois de plus, Liszt est tombé sur une femme littéraire et philosophique que, par la suite, il appellera *mon amazone mystique*. Carolyne, de huit ans plus jeune que Franz, est, en effet, une sportive qui peut rester en selle huit heures d'affilée, et qui, bien que d'origine orthodoxe, est passionnément catholique romaine. C'est une aristocrate qui a des goûts sociaux. Elle possède une culture considérable, mais c'est plus une passionnée qu'une intellectuelle, du moins à cette époque. Elle n'est pas jolie, mais Liszt, cet amateur inlassable de belles femmes, est fasciné. Pendant ces mois de tête-à-tête, on philosophe à perte de vue. Avec cette étrange personne, le musicien retrouve l'exaltation spirituelle qui l'a porté pendant toute sa jeunesse. Les préoccupations élevées de la princesse ne vont que cristalliser les désirs de l'artiste qui se décide enfin à abandonner la vie épuisante et vaine de virtuose pour aller vers un art lui aussi plus élevé. C'est pendant ce séjour à Woronince qu'il va esquisser la *Dante-Symphonie*, les *Harmonies poétiques et religieuses* et *Ce qu'on entend sur la montagne*. Il songe à s'établir complètement à Weimar, et la princesse décide d'obtenir l'annulation de son mariage pour épouser Liszt.

Quelques phrases cueillies dans les lettres de Carolyne nous donnent le ton de leurs sentiments : « ... Je ne puis marcher que vers vous et avec vous — toute ma foi, toute mon espérance et tout mon amour se concentrent et se résument en vous — *et nunc et semper*... D'ineffables secrets me sont révélés en vous, et désormais je mourrais en paix, en bénissant votre nom... Je ne comprends que deux choses : le travail et le chapitre v de « L'Imitation de Jésus-Christ » ... Ah ! que je vous revoie bientôt, car tout ce que j'ai de cœur et d'âme, de foi et d'espoir, n'est qu'en vous, par vous, et à vous. Puisse l'Ange du Seigneur vous conduire, ô vous qui êtes ma radieuse étoile du matin ! »

Liszt n'est d'ailleurs pas en reste, et son exaltation est du même degré : *Croyez-moi, Carolyne, je serais aussi fou que Roméo si je le trouvais fou... Pour vous chanter, pour vous aimer, pour vous faire simplement plaisir, je tâcherai de faire du beau et du nouveau... Je crois à l'amour par vous, en vous, et avec vous. Sans cet amour, je ne veux ni terre ni ciel... Aimons-nous, mon unique et glorieuse bien-aimée, en Dieu et en Notre Seigneur Jésus-Christ, et que les hommes ne séparent jamais ceux que Dieu a joints pour l'éternité.*

1848 Ici commence l'une des périodes les plus fécondes de la carrière de Liszt. Il va enfin trouver l'idéal de vie si longtemps et si ardemment souhaité.

La décision est prise : on ira vivre à Weimar. Les plans matrimoniaux les plus solides, apparemment, sont tracés, Carolyne pensant pouvoir bénéficier avec aisance de la protection qu'elle attend de la cour du tzar et de la grande-duchesse Maria-Pavlowna pour son annulation. Malgré ces espoirs, les choses s'annoncent assez mal. La révolution commence à gronder sur l'Europe. Les frontières se ferment plus ou moins. Les questions d'intérêt préalables sont difficiles à régler pour la princesse en fuite. Entre-temps, Liszt a dû se rendre en Allemagne. En avril, les deux amants se retrouvent en Autriche, dans un château du prince Lichnowsky. Puis la princesse exige d'aller visiter Raiding et Eisenstadt. Enfin, on prend la route de Weimar où l'on s'installe à l'Altenburg. Dès lors le couple est célèbre dans toute l'Europe, et de partout on vient à l'Altenburg où ne cessera de se presser toute une société cosmopolite, élégante et artistique, autour de ce prodigieux créateur qui se manifeste à la fois comme compositeur, directeur de la musique au théâtre, chef d'orchestre, professeur, écrivain. Sur cet homme féminin, l'influence de cette femme masculine est excellente. Le virtuose et le touriste des *Années de Pèlerinage* disparaissent pour faire place au penseur et au compositeur des poèmes symphoniques. Déjà, pendant son séjour chez le prince Lichnowsky, il a achevé *Hungaria*. Sa production s'oriente vers les grandes œuvres. Les treize années qui vont suivre sont de la plus vive activité créatrice. L'histoire anecdotique de sa vie ne va plus être, en somme, que l'histoire de la musique qu'il compose et de la musique des autres qu'il fait jouer, vie sédentaire d'une sorte de pape musical.

C'est en cette même année que Wagner va réapparaître dans l'existence de Liszt. Jusqu'alors, les relations des deux artistes s'étaient bornées aux deux brèves entrevues que nous avons signalées précédemment, ainsi qu'à quatre lettres espacées d'année en année. C'est en date du 23 juin 1848 que s'ouvre le volumineux dossier d'incessantes demandes que Wagner adressera à Liszt dans une des correspondances les plus curieuses qui soient. Cette lettre du 23 juin commence ainsi : « Excellent ami, vous me disiez naguère que vous aviez fermé votre piano pour quelque temps ; je suppose donc que vous êtes devenu momentanément banquier. Je suis dans une triste situation, et voilà que je me dis soudain

que vous pourriez venir à mon aide... » Une des plus belles
amitiés de l'histoire de la musique est née qui ira « crescendo »
jusqu'au célèbre aveu :

« Un seul accord nous rapproche plus que toutes les phrases
du monde :

Continue de m'aimer comme je t'aime, de tout cœur. »
(Liszt à Wagner.)

1849   Vont voir successivement le jour : *Tasso, lamento e
triompho*, d'après Byron, qui sera donné en première audition
sous la direction de Liszt le 1er août, *Ce qu'on entend sur la
montagne*, d'après Victor Hugo, qui sera créé en février suivant,
le dithyrambe *Weimar's Todten* qui sera joué le 29 août et
l'*Héroïde funèbre* que le compositeur tire de son projet de
Symphonie révolutionnaire de 1830.

Mais ainsi qu'il le fera toujours à Weimar, Liszt pense
aux autres. Cette année-là, c'est de Wagner qu'il s'agit : il
dirige une représentation triomphale de « Tannhäuser » à laquelle, d'ailleurs, Wagner ne pourra assister.

1850   C'est l'année de *Mazeppa*, d'après Victor Hugo, de
Prométhée d'après Herder, œuvres qui, comme les précédentes,
sont dédiées à la princesse de Sayn-Wittgenstein ; puis un
Concerto pathétique, et *Puissance de la musique*.

Et c'est encore Wagner qui, cette année-là, va bénéficier
des initiatives de Liszt, lequel monte « Lohengrin ».

1851   Le projet de mariage avec la princesse semblant se
préciser, Liszt décide de célébrer cet événement souhaité en
composant un nouveau poème symphonique, sorte d'épi-
thalame, *Festklänge*. Il écrit également cette œuvre curieuse
qu'est la *Fantaisie et fugue sur le choral « Ad nos, ad salutarem
undam »* pour orgue d'après un thème du « Prophète » de
Meyerbeer auquel cette partition est d'ailleurs dédiée.

1852 Menant de front les tâches les plus diverses, préparant ses œuvres à venir, Liszt ne termine aucune chose importante au cours de cette année. Par contre, en mars, il monte le « Benvenuto Cellini » de Berlioz. L'œuvre obtient un succès triomphal, ce qui console le compositeur de l'échec qu'il avait eu à Paris lors de la création.

1853 Grande année : Liszt commence la *Faust-Symphonie*, termine *Orphée*, écrit *L'Ode aux artistes*, mais surtout met la dernière main à un chef-d'œuvre qui non seulement restera unique dans sa production, mais restera également unique dans l'histoire de la musique, partition d'une originalité et d'une inspiration stupéfiantes, construction audacieuse et libre en laquelle se résume tout le génie de Liszt : la *Sonate pour piano*. Ce coup d'essai, qui est un coup de maître, est dédié à Robert Schumann.

A l'automne, Liszt et la princesse feront un séjour à Paris. Il y retrouve ses trois enfants qu'il n'a pas vus depuis fort longtemps. Wagner est là aussi. On lui présente les deux grandes filles de dix-huit et de quinze ans. Que peut-il penser de cette dernière, Cosima, qui deviendra sa femme ?

Dessin de Frédéric Preller

On va souvent chez Berlioz qui vit dans les pires difficultés et dont la femme est en train de mourir.

Puis Liszt regagne Weimar où l'attend son service au théâtre. C'est encore la musique de Wagner qui va recevoir tous ses soins cette saison-là. *Au jour de l'An*, écrit-il à ce dernier, *nous aurons ici « Le Vaisseau fantôme ». Les deux der-nières représentations de « Tannhäuser » ont consacré Weimar comme ta scène officielle ; sans nous flatter, je doute qu'en somme tes œuvres aient été jusqu'à présent rendues ailleurs d'une manière aussi satisfaisante.* L'amitié de Liszt et de Wagner se traduit épistolairement de façon extrêmement lyrique : « Merci, ô mon Christ aimé, mon Noël ! répond Wagner. Je te considère comme le Sauveur lui-même, et c'est à titre de Sauveur que j'ai placé ton image sur l'autel de mon travail ! »

1854 Voici encore une année féconde. Liszt termine la *Faust-Symphonie* qui est dédiée à Berlioz, remanie définitive-ment *Les Préludes*, poème symphonique d'après Lamartine dont l'esquisse de 1848 servait d'introduction à une grande œuvre chorale intitulée *Les quatre éléments* (œuvre inédite, composée sur un poème de Joseph Autran, et qui ne fut donnée que deux fois, à Marseille). C'est le 28 février que Liszt dirigera, à Weimar, la première audition de cette parti-tion célèbre. C'est enfin aussi l'année où il entreprend la composition de sa grande œuvre pour orgue, la *Fantaisie et fugue sur le nom de B. A. C. H.*

Pendant ce temps, le musicien n'oublie pas les autres. Au théâtre de Weimar, il monte « Alfonso et Estrella » de Schubert ; mais c'est surtout Wagner et sa musique qui vont absorber une grande part de l'activité de Liszt. En cette année, la cor-respondance entre les deux hommes est particulièrement si-gnificative de cette splendide amitié, ainsi que de l'infatigable dévouement de Franz. *Très cher Richard*, écrit ce dernier, *quelle destinée que la nôtre ! Être obligés de vivre ainsi séparés l'un de l'autre ! Tout ce que je puis te dire, c'est que sans cesse je pense à toi et que je t'aime du fond du cœur. Ces derniers temps ont été très durs pour moi à cause d'occupations, de visites, de travaux, etc. Mais laissons ces détails et parlons de ton « Or du Rhin » ! L'as-tu réellement terminé ? Tu as marché avec une rapidité merveilleuse. Tu sais quelle joie ce sera pour moi d'en connaître la partition. Envoie-moi la donc dès que tu pourras t'en passer. En attendant, je n'ai pas négligé tes affaires pécuniaires, et j'espère que mes espérances ne seront pas déçues. Réponds-moi sincèrement sur ces deux points-ci : 1. As-tu des dettes qui te gênent ; et quelle somme te faudrait-il absolument pour les payer ? 2. Ne peux-tu pas te tirer d'affaire cette année encore avec tes revenus ?*

Mais dans une autre lettre, Liszt confie également à Wagner : *Ami unique, souvent je suis bien triste à cause de toi, et pour moi-même je n'ai pas lieu de me réjouir. L'affaire principale et le problème de ma vie sociale prennent une tournure sérieuse et très pénible. Je ne pouvais guère attendre autre chose de ce côté, et j'y étais préparé ; cependant les interminables complications par lesquelles je suis obligé de passer ont entraîné pour moi beaucoup de soucis et ont gravement compromis ma situation pécuniaire, de telle sorte qu'il m'est impossible en ce moment de venir en aide à un ami... Je suis bien fatigué, et j'ai bien peu de ressort. Mais le printemps nous donnera de nouvelles forces...*

Et la princesse réconforte tout le monde, pousse tout le monde au travail. C'est elle qui engage Berlioz à écrire « Les Troyens », et Wagner à réaliser le « Ring » sans tarder. Et bien que, par plaisanterie, elle appelle Liszt son « fainéant », elle reconnaît cependant à quel point son activité est efficace : « Combien il est bon, écrit-elle à Wagner, combien il est intelligent, délicat et patient, je le sais mieux que personne ! Un autre que lui eût été submergé et noyé dix-huit fois depuis six ans par les tempêtes qui se jouent de notre pauvre nacelette ! Il nous fait encore surnager ! Liszt a écrit à Berlin pour vous trouver quelqu'un qui vous copie votre « Rheingold ». Ce beau « Rheingold » après lequel nos oreilles soupirent. Celui qu'il croyait pouvoir vous convenir ne saurait être libre pour ce temps. Que vous faut-il pour commencer « La Walkyrie » ? et l'admirable scène entre Wotan et Brunehilde... Faites, faites vos « Walkyries » au plus tôt ! »

1855 Les difficultés auxquelles Liszt faisait allusion dans la lettre précitée sont celles occasionnées par la demande d'annulation de la princesse, annulation qui tarde à venir de Rome par suite d'intrigues qu'y ont déclenchées une partie de sa famille et de la cour de Russie. Liszt s'était réjoui un peu tôt quand, quelques années auparavant, il avait composé son poème symphonique *Festklänge* pour célébrer la joie d'une union qu'il croyait alors prochaine. Et c'est justement en 1854, au moment où les mauvaises nouvelles arrivaient de Rome qu'il avait dirigé *Festklänge* en première audition !...

Néanmoins, il ne se laisse pas abattre, et se replonge dans un incessant travail. Ayant, si l'on ose dire, chanté ses soucis en mettant en musique le *Psaume XIII* (« Éternel, jusques à quand m'oublieras-tu sans cesse ? »), il reprend la composition de la *Dante-Symphonie* commencée au début de sa liaison avec la princesse. Il écrit la *Messe de Gran*. Le 16 février, à Weimar, sous la direction de Berlioz, il donne la première audition de son *Concerto en mi bémol*. Puis il monte la « Genoveva » de Schumann en avril. Aux concerts, il donne toutes les œuvres nouvelles.

Par ailleurs, il professe. Les grands pianistes du temps viennent prendre ses conseils. Son enseignement ne se borne d'ailleurs pas au piano : avec son universalité miraculeuse, il donne aussi des cours d'orgue, de harpe et même de trombone !

Enfin ses travaux littéraires ne sont pas abandonnés (il est vrai que la princesse y collabore très activement) : il complète son livre sur Chopin, il travaille à *Des Bohémiens et de leur musique en Hongrie*, et envoie de nombreux articles à des revues françaises et allemandes sur les œuvres nouvelles. D'autre part, la correspondance avec Wagner continue, plus intense, plus volumineuse que jamais.

En août, apprenant que Marie d'Agoult ne s'occupe plus guère de ses filles, il les fait venir à l'Altenburg. Elles y restent jusqu'en septembre ; puis la mère d'un jeune élève de Liszt, Hans von Bülow, les emmène à Berlin afin que celui-ci fasse leur éducation musicale, et leur apprenne notamment comment il convenait de défendre la *musique de l'avenir.* A quelque temps de là, Liszt reçoit le rapport de Bülow : « Vous me demandez, très cher Maître, de vous donner des nouvelles de Mlles Liszt. Jusqu'à présent, cela m'aurait été impossible vu l'état de stupéfaction, d'admiration, et même d'exaltation où elles m'avaient réduit, surtout la cadette. Quant à leurs dispositions musicales, ce n'est pas du talent, c'est du génie qu'elles ont... Hier soir, Mlle Blandine a joué la « Sonate en la » de Bach et Mlle Cosima la « Sonate en mi bémol » de Beethoven. Je les fais travailler aussi à des arrangements pour piano à quatre mains des œuvres instrumentales. Je leur en fais l'analyse et je mets plutôt trop de pédantisme que trop peu dans la surveillance de leurs études... Je n'oublierai jamais la délicieuse soirée où je leur ai joué et rejoué votre *Psaume*. Les deux anges étaient quasi agenouillés et plongés dans l'adoration de leur père. Elles comprennent mieux que personne vos chefs-d'œuvre, et vraiment vous avez en elles un public donné par la nature. Comme j'ai été ému et touché en vous reconnaissant *ipsissimum Lisztum* dans le jeu de Mlle Cosima... »

1856 Les soucis et difficultés continuent. S'excusant du retard avec lequel il pourra une fois de plus venir en aide à Wagner, il écrit à celui-ci : *Je t'ai parlé à différentes reprises des difficultés financières de ma situation. La voici dans toute sa simplicité : ma mère et mes trois enfants sont pourvus convenablement grâce à mes économies antérieures ; quant à moi, je suis obligé de me tirer d'affaire avec mon traitement de chef d'orchestre (1.000 thalers par an, plus 300 thalers à titre de don gracieux pour les concerts de la cour). Depuis plusieurs années, c'est-à-dire depuis que j'ai pris sérieusement le parti de satisfaire aux exigences de ma profession d'artiste, je ne puis plus compter sur un supplément de revenu provenant des éditeurs de musique. Mes poèmes symphoniques ne me rapportent pas un sou de droits d'auteur ; même ils me coûtent une somme assez ronde, que je suis obligé de débourser pour l'achat des exemplaires que je distribue à quelques amis. Ma messe, ma symphonie de Faust, etc., sont également des travaux improductifs ; et pendant plusieurs années encore je n'aurai aucun espoir de gagner un* *peu d'argent... Si ma situation s'améliore dans la suite, ce qui n'est pas tout à fait impossible, je me ferai un plaisir d'alléger la tienne.*

Relativement peu de voyages au cours de cette année, le principal étant celui que Liszt fait en août à Budapest pour diriger la première audition de la *Messe de Gran* à l'occasion de la dédicace de la cathédrale. Comme enfant du pays, le compositeur lui-même est accueilli triomphalement. Mais l'œuvre fait l'objet de critiques assez vives en raison de la nouveauté et de la hardiesse de son langage harmonique. Toutefois, le clergé se déclare satisfait ; le cardinal primat invite le musicien à souper avec soixante prélats, et lève son verre à sa santé en lui faisant un beau discours en latin. Puis Liszt fait un bref séjour au couvent des franciscains de Pesth où il est admis dans le tiers ordre de saint François.

Au cours de la même année, il termine son *Psaume CXXXVII* ainsi que la *Dante-Symphonie* qui sera dédiée à Richard Wagner. Il compose les *Béatitudes* qui deviendront la seconde partie de *Christus*. Et, après s'être lié avec le peintre Kaulbach lors de son passage à Munich, il commence *La bataille des Huns*, poème symphonique inspiré par une des grandes toiles de cet artiste alors très estimé.

1857 Après avoir passé les fêtes du nouvel an au lit avec une grave crise de furonculose, Liszt part à travers l'Allemagne pour diriger quelques-unes de ses œuvres, en particulier la *Messe de Gran, Les Préludes, Mazeppa*. Et comme à son habitude, ce sont souvent des concerts charitables, au profit d'œuvres ou d'artistes, donc sans profit pour lui.

De passage à Stuttgart, il s'attarde quelque temps chez cette merveilleuse inspiratrice de Théophile Gautier, de Heine et de Chopin, Marie de Kalergis au charme de laquelle il se laisse aller très volontiers. Auprès de cette « Fée » que Gautier a célébrée dans sa « Symphonie en blanc majeur », il retrouve un peu de cette douceur et de cette féminité que sa noire et virile princesse ne lui apporte guère. Et, de ce manque, Liszt s'est surtout aperçu depuis quelques mois, depuis que Carolyne semble vouloir un peu l'isoler du monde, l'enfermer dans son Olympe weimarien au moment même où le musicien éprouve précisément le besoin contraire, le besoin de liberté, d'horizons nouveaux, variés. Déjà, l'année précédente, une charmante jeune Agnès de ses élèves avait reçu de lui des confidences un peu abandonnées : *Vos lettres me sont douces et chères, et c'est comme une bonne action que vous faites de songer à moi, car je suis mortellement triste et lassé... J'ai toujours les mêmes choses à vous dire par les mêmes silences. Mon cœur se brise et se consume incessamment dans je ne sais quelle attente infinie... Merci de votre tendresse, de votre bonté, et de toute cette grâce de simplicité et de poésie innée qui me captive...* Liszt s'est soudain aperçu qu'il a besoin de ces femmes féminines. Dans l'atmosphère intellectuelle haute, à l'air raréfié, où tente de le confiner Carolyne, Liszt suffoque un peu. Avec Agnès, avec Marie de Kalergis, c'est une ravissante détente. Et en même temps, il sent du côté de Carolyne monter une sourde jalousie.

Mais il faut aller voir l'ami : Liszt part pour Zürich, apportant à Wagner la partition de la *Dante-Symphonie* dont celui-ci est dédicataire. Richard est sans doute enthousiaste, si l'on en juge d'après la lettre que Franz lui adresse à la suite de leur entrevue : *L'essentiel est que tu m'aimes, et que tu juges mes efforts consciencieux d'artiste digne de ta sympathie... Je te l'avouerai franchement, lorsque je t'apportai mes compositions à Zürich, je ne savais pas comment tu les accueillerais et comment tu les trouverais. Il m'a déjà fallu entendre dire et lire tant de choses là-dessus, qu'en vérité je n'ai pas d'opinion du tout sur ce que j'ai fait... Plusieurs amis assez intimes, Joachim par exemple, et autrefois Schumann avec d'autres encore, se sont montrés si réservés, ombrageux, presque hostiles à l'endroit de mes productions musicales. Je ne leur en veux nullement et ne puis leur rendre la pareille parce que leurs œuvres n'ont jamais cessé de m'inspirer un intérêt aussi vif que sincère. Figure-toi donc, très cher Richard, la joie indicible que m'ont fait éprouver ces heures passées ensemble à Zürich et à Saint-Gall, quand ton regard rayonnant remplissait mon âme d'une lumière féconde, la réconciliait avec elle-même et l'enveloppait pour ainsi dire de caresses !*

Hans von Bülow, par Frédéric Preller.

C'est en cette même année que les deux filles de Liszt vont rencontrer l'amour. Le 18 août, à Berlin, Cosima épouse Hans von Bülow, ce professeur qui était si ému de lui donner des leçons. Liszt assistera au mariage. Pendant ce temps, Blandine s'est fiancée à Paris avec l'avocat Émile Ollivier qu'elle épousera à Florence le 22 octobre suivant en présence de Marie d'Agoult.

Au début de septembre, Weimar fête le centenaire du prince Charles-Auguste. Affluence considérable d'altesses, mais aussi de peintres, de musiciens, de poètes venus de tous les pays allemands. C'est en cette occasion que Liszt donne deux premières auditions très importantes sous sa propre direction : la *Faust-Symphonie* (récemment complétée par un chœur final) et *Les Idéals*, d'après Schiller. Si cette dernière œuvre tombe à plat, la première galvanise le public. C'est, en effet, le sommet des poèmes symphoniques de Liszt.

C'est à ce moment que l'étoile weimarienne de Franz commence de pâlir. Au cours des fêtes de septembre, quelques personnes de la société ont battu froid au couple irrégulier. Liszt en est profondément blessé, et, par égard pour Carolyne, se retire ostensiblement à l'Altenburg, s'y enferme, refuse de voir d'autres gens que ceux de musique. Dans l'administration du théâtre aussi, des cabales se déclenchent sournoisement contre lui.

Toute la fin de l'année, il voyage en Allemagne pour diriger ses œuvres, ... un peu aussi pour échapper à la pesante présence de Carolyne. La princesse commence, à cette époque, son extraordinaire carrière de moralisatrice. Elle jette les premières esquisses d'un « Bouddhisme et Christianisme » qui sera le premier volume des ouvrages-fleuves qu'elle ne cessera d'écrire jusqu'à la fin de sa vie, comme Marie d'Agoult. Les compagnes de Liszt écrivent, une fois passée la grande ardeur... Celle-là va écrire énormément.

Cette fin d'année est triste. C'est la fin d'un autre cycle lisztien.

Le salon de musique de l'Altenburg

Weimar en 1850

1858 Année morne. Les affaires de Weimar ne s'arrangent pas. Celles de Rome non plus. Liszt est un peu irrité par le nouvel état d'esprit de la princesse. C'est cependant à celle-ci, et dans ces termes, qu'il dédie ses poèmes symphoniques : *A celle qui a accompli sa foi par l'amour, agrandi son espérance à travers la douleur, édifié son bonheur par le sacrifice. A celle qui demeure la compagne de ma vie, le firmament de ma pensée, la prière vivante et le ciel de mon âme. A Jeanne Elisabeth Carolyne.*

Il travaille cependant. C'est cette année-là qu'il compose un nouveau poème symphonique, *Hamlet*, le dernier, partition destinée à servir d'ouverture au drame de Shakespeare. C'est aussi à ce moment qu'il se met à travailler à *Deux épisodes pour le « Faust » de Lenau* d'où sortiront ses différentes versions de *Méphisto-Valse*. Enfin, il jette les premières esquisses de son oratorio *Sainte Elisabeth*.

A Weimar, les choses achèvent de se gâter. Liszt essaie de plus en plus d'imposer les œuvres de Wagner. Un nouvel intendant a été nommé au théâtre. C'est lui qui mène la cabale contre Liszt. Elle va réussir. En décembre, le 18, Liszt monte au pupitre pour diriger un charmant ouvrage qu'il a fait travailler avec un soin digne de l'amitié qu'il porte à son auteur : « Le barbier de Bagdad », de Cornelius.

A la chute du rideau, il est sifflé. Faisant alors lever tout l'orchestre, il applaudit l'auteur qui se trouve dans la salle. Et le soir même, il remet sa démission au grand-duc.

En vérité, écrit-il à Wagner, j'ai bien besoin de me rappeler que je suis un disciple de saint François pour supporter tant de choses insupportables !

1859 Cependant Liszt ne quittera pas aussitôt Weimar. Il y demeurera encore plusieurs mois. Mais cette ville où il a fait de si bon travail s'est détachée de lui. Le grand-duc ne s'intéresse plus à la musique, et lui préfère la peinture et le théâtre ; et le public suit les goûts de son prince. Liszt aussi se détache de cette ville qu'il a tant aimée. Il en éprouve une grande impression de solitude et de lassitude. Et puis le divorce de la princesse s'avère de plus en plus problématique, et la société weimarienne commence à tourner le dos à ce couple qui persiste dans l'irrégularité. C'est à la jeune Agnès qu'il confie ses peines, ses doutes, la fatigue de sa quarante-huitième année : *Si je suis resté à Weimar une douzaine d'années, j'y ai été soutenu par un sentiment qui ne manquait pas de noblesse — l'honneur, la dignité, le grand caractère d'une femme à sauvegarder contre d'infâmes persécutions – et de plus une grande idée : celle du renouvellement de la musique par son alliance plus intime avec la poésie ; un développement plus libre et pour ainsi dire plus adéquat à l'esprit de ce temps m'a toujours tenu en haleine. Cette idée, malgré l'opposition qu'elle a rencontrée et les entraves qu'on lui suscite de toutes parts, n'a pas laissé que de cheminer un peu. Quoi que l'on fasse, elle triomphera invinciblement, car elle fait partie intégrante de la somme des idées justes et vraies de notre époque, et ce m'est une consolation de l'avoir servie loyalement, avec conscience et désintéressement. Si, lors de ma fixation ici, en 1848, j'avais voulu me rattacher au parti « posthume » en musique, m'associer à son hypocrisie, caresser ses préjugés, etc., rien ne m'était plus facile par mes liaisons précédentes avec les principaux gros bonnets de ce bord. J'y aurais certainement gagné à l'extérieur en considération et en agréments... Mais tel ne devait pas être mon lot ; ma conviction était trop sincère,* *ma foi dans le présent et dans l'avenir de l'art trop ardente et trop positive à la fois, pour que je puisse m'accommoder des vaines formules d'objurgation de nos pseudo-classiques qui s'évertuent à crier que l'art se perd, que l'art est perdu...*

La correspondance avec Wagner se poursuit, ardente. Mais un nuage va passer sur cette amitié extraordinaire. Liszt n'ayant pu arriver à faire représenter « Rienzi » à Weimar, et Wagner étant à bout de ressources, celui-ci écrit à Liszt quelques paroles malheureuses. Alors ce dernier, parlant de deux de ses propres œuvres, répond : *Comme la* Symphonie *et la* Messe *ne peuvent remplacer de bonnes valeurs en banque, il devient inutile que je te les envoie. Non moins superflues désormais seront tes dépêches urgentes et tes blessantes lettres.* Mais le nuage passera vite : peu après, Wagner écrira : « Dans ta blessure, j'ai reconnu ma laideur. » Et en octobre, le jour de son anniversaire que Liszt passe seul à l'Altenburg (Carolyne étant à Paris), il reçoit cette belle lettre : « En jetant un coup d'œil sérieux sur nos rapports passés et présents, écrit Wagner, je suis frappé de la solennité de ce jour qui, certainement, doit être regardé comme un des plus heureux que la nature puisse compter. En effet, ce jour-là elle a donné au monde un trésor inestimable... »

Et dans la solitude, Liszt compose : il met au point une version de *Méphisto-Valse*, il termine un nouveau psaume, et commence sa *Missa Choralis*.

La fin de l'année sera très triste et lui apportera une grande peine. Au lendemain de Noël, il est alerté par Cosima et Bülow chez qui, à Berlin où il passe les vacances, son fils Daniel, alors âgé de vingt ans, vient de tomber gravement malade. Le jeune homme, qui faisait alors ses études de droit à Vienne, était faible de la poitrine. Liszt accourt aussitôt. Mais au bout de quatre jours, Daniel expire dans les bras de son père.

FR. EUGENIUS KOPPÁN,

ORDINIS MINORUM S. P. FRANCISCI REFORMATORUM PROVINCIAE HUNGARIAE S. MARIAE MINISTER PROVINCIALIS, ET IN DOMINO SERVUS!

MAGNIFICO, SPECTABILI AC CLARISSIMO
DOMINO DOCTORI

FRANCISCO LISZT,

DOCTORI MUSICES, PLURIUM ORDINUM EQUITI, ARCHI-DUCATUS VAI-MARIENSIS SUPREMO AULICAE MUSICES DIRECTORI, SALUTEM ET OMNIGENAM COELESTIUM GRATIARUM AFFLUENTIAM!

Communionem Sanctorum in infinitis Christi meritis radicatam, Sancta Mater Ecclesia pro infinito pariter accepit, retinetque thesauro, adeo, ut ex eodem vivis aeque, ac defunctis tantum, quantum, quibusve ipsa vellet, et illi indigerent, inexhauribiliter dispensandi, et infallibiliter concedendi habeat potestatem. Quod communicationis privilegium, quia speciali authoritate Apostolica ad Superiores Religiosorum Ordinum benigne extensum, concessumque iis esset ideo,· ut quidquid ipsi, ac eorum subditi ex meritoriis operibus coram Deo meriti haberent, amicos etiam Ordini suo singulari affectu, et beneficentia propensos, in partem eorumdem meritorum speciali privilegio communicationis vocare, et efficaciter recipere possint: idcirco ubi Praetitulatam Magnificentiam Vestram singulari erga Ordinem nostrum affectus et beneficentiae propensione devotam esse comperio, pro temporali spiritualem mercedem gratitudine religiosa compensando, praefatam Magnificentiam Vestram Speciali Vinculo in Confraternitatem Provinciae Nostrae Marianae sincere recipio, ac assumo, ita quidem, ut in omnibus meritis Fratrum curae meae concreditorum, immo et successorum nostrorum speciali communicatione in vita, et post mortem particeps esse valeat. Divinam subinde super hoc enixe precor clementiam, ut haec specialis Communio Sanctorum in coelo, et in terra rata, et confirmata maneat, in nomine Patris, et Filii, et Spiritus Sancti. Amen.

Dabam in Conventu nostro Posoniensi die 23. Junii 1857.

Fr. Eugenius Koppán,
Minister Provincialis.

— Oui, Jésus crucifié, la folie de l'exaltation de la Croix,
c'était là ma véritable vocation !   FRANZ

— Votre âme est trop tendre, trop artiste, trop sentimentale pour demeurer sans société féminine. CAROLYNE

Le franciscain

u début de l'année 1860, grande nouvelle : on apprend
que le divorce de la princesse est prononcé. Mais, par
suite d'on ne sait quelle intrigue, l'évêque de Fulda, n'accepte
pas cette décision comme valable. Carolyne décide aussitôt
d'intervenir personnellement à Rome. Elle quitte Weimar
en mai. Seul, triste et las, Liszt reste à l'Altenburg. Il travaille
cependant un peu, malgré cet accablement. Il s'occupe
d'abord d'une édition complète de ses mélodies, puis il poursuit la composition de *Sainte Elisabeth,* mais sans grande
exaltation. C'est encore Agnès qui reçoit ses confidences :
*Dans certaines régions d'art peu fréquentées, il y a entre la
pensée et le style, le sentiment et la plume, comme une lutte de
Jacob... Le travail nous est imposé à la fois comme une condam-
nation et comme un affranchissement... Je suis mortellement
triste et ne puis rien dire, ni rien entendre. La prière seule me
soulage par moments, mais, hélas ! je ne sais plus prier avec
beaucoup de continuité, quelque impérieux que soit le besoin
que je ressente. Que Dieu me fasse la grâce de traverser cette*

65

*Diplôme de l'ordre des franciscains
délivré à Liszt en juin 1857*

crise morale et que la lumière de sa miséricorde reluise dans mes ténèbres.

Et c'est à ce moment que, tout naturellement, il rédige son testament, document qui mérite d'être connu : *Ceci est mon testament. Je l'écris à la date du 14 septembre 1860, où l'Église célèbre l'Exaltation de la Sainte Croix. Le nom de cette fête dit aussi l'ardent et mystérieux sentiment qui a traversé comme d'un stigmate sacré ma vie entière. Oui, Jésus crucifié, la folie de l'exaltation de la Croix, c'était là ma véritable vocation. Je l'ai ressenti jusqu'au plus profond du cœur dès l'âge de dix-sept ans, lorsque je demandais avec larmes et supplications qu'on me permît d'entrer au Séminaire de Paris, et que j'espérais qu'il me serait donné de vivre de la vie des Saints et peut-être de mourir de la mort des Martyrs. Il n'en a pas été ainsi hélas ! Mais non plus jamais, depuis, à travers les nombreuses fautes et erreurs que j'ai commises et dont j'ai une sincère repentance et contrition, la divine lumière de la Croix ne m'a été entièrement retirée. Parfois même elle a inondé de sa gloire toute mon âme. J'en rends grâces à Dieu et mourrai l'âme attachée à la Croix, notre rédemption, notre suprême béatitude ; et pour rendre témoignage de ma foi, je désire recevoir les saints sacrements de l'Église catholique, apostolique et romaine avant ma mort, et par là obtenir la rémission et l'absolution de mes péchés, amen.*

Ce que j'ai fait et pensé de bien depuis douze ans, je le dois à Celle que j'ai si ardemment désiré appeler du nom d'épouse — ce à quoi la malignité humaine et les plus déplorables chicanes se sont opposées jusqu'ici avec obstination, à Jeanne Elisabeth Carolyne, princesse Wittgenstein, née Iwanowska. Je ne puis écrire son nom sans un tremblement ineffable. Toutes mes joies sont d'elle, et mes souffrances vont toujours à elle pour chercher leur apaisement. Elle s'est non seulement associée et identifiée complètement et sans relâche à mon existence, mon travail, mes soucis, ma carrière — m'aidant de son conseil, me soutenant par ses encouragements, me ravivant par son enthousiasme avec une prodigalité inimaginable de soins, de prévisions, de sages et douces paroles, d'ingénieux et persistants efforts ; plus que cela, elle a souvent renoncé à elle-même, abdiquant ce qu'il y a de légitimement impératif dans sa nature pour mieux porter tout mon fardeau dont elle a fait sa richesse et son seul luxe...

J'aurais voulu posséder un génie immense pour chanter en sublimes accords cette âme sublime. Hélas ! c'est à peine si je suis parvenu à balbutier quelques notes éparses que le vent emporte. Si pourtant il devait rester quelque chose de mon labeur musical (auquel je me suis appliqué avec une passion dominante depuis dix ans), que ce soient les pages auxquelles Carolyne a le plus de part, par l'inspiration de son cœur.

Je la supplie de me pardonner la triste insuffisance de mes œuvres d'artiste, ainsi que celle, plus affligeante encore, de mes bons vouloirs entremêlés de tant de manquements et de disparate. Elle sait que la plus poignante souffrance de ma vie, c'est de ne pas me sentir assez digne d'elle et de n'avoir pu m'élever, pour m'y maintenir fermement, à cette région sainte et pure qui est la demeure de son esprit et de sa vertu.

Puis, suivent des dispositions d'ordre pécuniaire. Et il reprend : *Il est dans l'art contemporain un nom glorieux et qui le sera de plus en plus : Richard Wagner. Son génie m'a été un flambeau ; je l'ai suivi, et mon amitié pour Wagner a conservé tout le caractère d'une noble passion. A un moment donné (il y a de cela une dizaine d'années), j'avais rêvé pour Weimar une nouvelle période comparable à celle de Charles-Auguste, et dont Wagner et moi nous étions les coryphées, comme autrefois Goethe et Schiller. La mesquinerie, pour ne pas dire la vilenie de certaines circonstances locales, toutes sortes de jalousies et d'inepties du dehors comme d'ici, ont empêché la réalisation de ce rêve dont l'honneur devait revenir à Mgr le grand-duc actuel. Ce néanmoins, je demeure dans les mêmes sentiments, gardant la même conviction, qu'il n'était que trop aisé de rendre palpable à tous. Et je prie Carolyne de vouloir bien y correspondre en continuant avec Wagner nos relations affectueuses après ma mort. Qui mieux qu'elle pourrait comprendre la haute impulsion si résolument donnée par Wagner à l'art, son divin sentiment de l'amour et de la poésie ?*

Puis viennent quelques autres dispositions de détail. Personne n'est oublié : *Enfin, je demande encore à Carolyne d'envoyer de ma part à Mme Caroline d'Artigaux, née comtesse de Saint-Cricq (à Pau) un de mes talismans montés en bague.*

Et il conclut : *Sur ce, je m'agenouille encore une fois avec Carolyne pour prier, ainsi que nous l'avons souvent fait ensemble. Je désire être inhumé simplement, sans pompe aucune, et, s'il est possible, de nuit.*

1861 Il a ainsi vidé son cœur, mais l'apaisement n'est pas venu. Il reste mélancolique et abattu dans sa solitude de l'Altenburg. La dépression tourne presque au pathologique : *Ma vie entière,* écrit-il, *n'est qu'une longue odyssée du sentiment de l'amour. Je n'étais propre qu'à aimer, et jusqu'ici, hélas ! je n'ai su que mal aimer !*

Parmi ses travaux sans joie, un événement de famille vient lui apporter quelque douceur : il se rend à Berlin pour baptiser sa première petite-fille, la fille de Cosima, Daniela-Senta.

Pendant ce temps, Carolyne s'agite à Rome, toujours en vain semble-t-il.

Au printemps, Liszt fait un séjour à Paris. Semblant de vie mondaine. Il voit Blandine et Ollivier. Il rencontre le pauvre Berlioz et le vieux Rossini. Il fait une visite à Marie qu'il n'a pas vue depuis seize ans : leur conversation languit sur des sujets politiques. Il voit Wagner qui est là, lui aussi, et qui lui présente Baudelaire. Il est tout de même assez fêté, et Napoléon III lui remet la cravate de commandeur de la Légion d'Honneur.

Puis il rentre passer l'été à Weimar où il dirige son dernier festival, le Festival des compositeurs qui, grâce aux efforts de Liszt, prendra cette année-là un éclat inaccoutumé. Tout le monde musical sera présent. Wagner lui-même arrive et se présente au théâtre pendant une répétition de la *Faust-Symphonie* que dirige Bülow ; sous le bras, il porte un gros volume : c'est la partition terminée de « Tristan ».

Le festival vient à peine de finir lorsque Liszt est alerté d'urgence par la princesse : tout est arrangé ; le mariage est fixé au 22 octobre, « jour de la Saint-Liszt », jour de ses cinquante ans. Franz se met en route le 17 août. Avant de partir, il annonce à Carolyne sa prochaine arrivée à Rome : *Il m'est impossible de rassembler en un seul foyer les émotions de*

*mes dernières heures à l'Altenburg. Chaque chambre, chaque
meuble, jusqu'aux degrés de l'escalier et le gazon du jardin,
tout s'illuminait de votre amour, sans lequel je me sentais comme
anéanti... Je ne pus contenir mes larmes. Mais après une dernière station faite à votre prie-Dieu, où vous aviez coutume de
vous agenouiller avec moi avant que j'entreprenne quelque
voyage, j'éprouvai comme un sentiment de libération qui me
réconforta... En m'éloignant de cette maison, je crois me rapprocher de vous et je respire plus haut.*

Après un séjour chez le prince de Hohenzollern à Löwen-
berg, Liszt passe par Marseille le 14 octobre, et arrive à
Rome le 20. Il ne s'est pas beaucoup pressé !...

Le 21 au soir, Franz et Carolyne communient, puis passent
ensemble une veillée sainte au domicile de la princesse, Piazza
di Spagna. Le mariage, qui est pour le lendemain, agite beaucoup la société romaine. Soudain, dans la nuit, on frappe à la
porte de l'appartement de la princesse. C'est un prêtre,
porteur d'un message du Vatican : le pape demande à revoir
le dossier, car on lui a fait savoir que le motif de cassation
était discutable. Il faut voir là, naturellement, le fruit de
nouvelles intrigues menées par le prince de Wittgenstein.
A nouveau, le mariage est donc impossible.

1862 Après ce nouvel échec, Liszt est resté à Rome. Il
s'est installé dans un appartement très modeste, Via Felice
113. Chaque jour, il rend visite à Carolyne. Mais au fur et
à mesure que les jours passent, cela devient peu à peu comme
une obligation un peu pesante. La princesse est enfermée
du matin au soir dans la fumée de ses cigares, rédigeant ses
immenses traités religieux, philosophiques et politiques.
Par curiosité, on donnera ici les titres de quelques-uns de ces
écrits : « Bouddhisme et Christianisme » (1 vol.) ; « La matière dans la dogmatique chrétienne » (3 vol.) ; « Entretiens
pratiques à l'usage des femmes du monde » (1 vol.) ; « Religion et morale » (1 vol.) ; « Petits entretiens pratiques à
l'usage des femmes du grand monde pour la durée d'une
retraite spirituelle » (8 vol.) ; « Simplicité des colombes,
prudence des serpents : quelques réflexions suggérées par les

femmes et les temps actuels » (1 vol.) ; « Souffrance et prudence » (1 vol.) ; « Sur la perfection chrétienne et la vie
intérieure » (1 vol.) ; « Causes intérieures de la faiblesse extérieure de l'Église » (24 vol.). On conçoit que, dans une telle
ambiance, Liszt, tout saint homme qu'il soit, ne trouve pas
la vie très distrayante. Chose curieuse, ainsi qu'on l'a souvent
fait observer, si la foi a réuni les deux êtres, c'est un peu elle
qui va commencer de les désunir. La religiosité sérieuse et
bas-bleu de la princesse fait bâiller le christianisme romantique de Liszt. Et puis, chez la princesse, il est l'objet d'une
sorte de culte ostentatoire : le salon de Carolyne est orné de
quatorze bustes le représentant à tous les âges. Tout cela
l'agace un peu. Néanmoins il se plonge dans le travail.

1863 C'est à *La légende de sainte Elisabeth* que Liszt s'est
d'abord remis. Il est bien encore un peu sollicité par la vie
mondaine. Le salon de la princesse est, en un certain sens,
mondain avec le duc de Sermoneta, Laura Monghetti,
Tarnowsky, Bache, Sgambati, le cardinal Lucien Bonaparte,
Mgr Lichnowsky et Mgr Hohenlohe. Mais, à peine remis
de sa dépression précédente, il préfère fuir un tel milieu. La
chose lui sera facilitée par la nouvelle d'un nouveau deuil :
sa fille Blandine vient de mourir à Saint-Tropez où elle a
mis au monde un fils, Daniel. Il mène dès lors une vie très
retirée, vient de plus en plus rarement chez la princesse à
laquelle il écrit cependant de longues et édifiantes lettres.
    Pour parfaire encore son isolement, il quitte la Via Felice,
et va s'installer en ermite sur le Monte Mario dans le cloître
de la Madonna del Rosario où demeure l'archiviste du Vatican. C'est là que le pape Pie IX viendra lui rendre visite.
Liszt lui jouera de l'harmonium et l'entretiendra de ses
idées sur la réforme de la musique religieuse ; et Pie IX
l'invitera à une messe qu'il dira lui-même.
    Cependant son esprit de retraite n'est pas si exclusif qu'il
n'accepte de se rendre à l'invitation de Bülow pour le festival
de Karlsruhe. Là on joue ses œuvres, et elles y ont du succès.
Puis il revient, en passant par Munich où il voit Wagner qui
l'emmène dans sa maison du Starnbergersee.

1864 Dès lors, il fera souvent des escapades hors de Rome : cette année-là, il se rend à Weimar, ville dorénavant morte à l'art, et Liszt en éprouve un grand chagrin. Puis il va à Berlin voir sa fille Cosima, et tous deux partent ensuite pour Paris, où il fera un assez long séjour chez les Ollivier, où il retrouve également sa vieille mère.

A Rome, il travaille moins à cette époque. *La légende de sainte Elisabeth* est terminée. Cependant, il ajoutera quelques feuillets d'album à ses *Années de pèlerinage* : ce sera le troisième livre.

Un événement important se produit toutefois au cours de cette année en apparence sans fait saillant : la mort du prince de Wittgenstein. Le mariage de Franz et de Carolyne, enfin possible, va-t-il se faire ? A la stupéfaction de tous, il n'en est plus question ! Et la confirmation de cette décision inattendue ne va pas se faire attendre au cours des mois qui suivent.

1865 Le 25 avril, en effet, Liszt se fait donner les Ordres mineurs. Il était certes préparé à une telle décision. Mais on a aussi pensé qu'il avait hâté cette décision afin d'échapper à un mariage auquel il ne tenait plus. Bien entendu, la princesse défendit toujours un point de vue tout à fait différent : dans la dernière interdiction du pape, en 1861, elle aurait vu un avertissement de la Providence.

Cette ordination défraya naturellement la chronique européenne, et déchaîna autant de plaisanteries qu'autrefois le fameux sabre d'honneur de Budapest. Rossini s'écriait : « Liszt a composé des messes pour s'habituer à les dire. » Marie d'Agoult le criblait de sarcasmes. Et on lui prêtait cette réponse à quelqu'un qui l'interrogeait sur le célibat des prêtres : *Grégoire VII était un grand philanthrope !* On parlait des essais de soutanes qui avaient eu lieu avant l'ordination chez Mgr de Hohenlohe, bref de tout le tapage produit par cet événement que Liszt avait cependant voulu très simple et qui devenait, à son insu, très spectaculaire. Il y a toujours eu une sorte d'inconscience, chez lui. Aussi n'est-ce pas

sans raison qu'à propos de cette
ordination, Jean Chantavoine
fait une comparaison fort amu-
sante et qui vaut la peine d'être
rappelée : « A la fin d'un concert qu'il avait donné à Prague
en 1840, comme l'enthousiasme des auditeurs réclamait de
lui l'exécution d'un morceau
supplémentaire et voulait lui
imposer son *Ave Maria* d'a-
près Schubert, Liszt joua d'a-
bord l'*Hexameron ;* sur une
nouvelle instance, par un nouveau défi, au lieu de l'*Ave
Maria* il attaqua un de ses
plus vertigineux morceaux de
bravoure, son *Galop chromatique.* Mais il eut regret de son
entêtement et alors, sans terminer le *Galop chromatique*, et
sans l'interrompre non plus,
par une transition aussi im-
prévue qu'élégante, il le conti-
nua par l'*Ave Maria*. En un
sens, tout Liszt est dans ce passage du *Galop chromatique* à
l'*Ave Maria*. Lorsque l'on essaye de raconter et d'expliquer
sa vie, il faudrait une virtuosité
comme la sienne pour ménager
ainsi les transitions entre ses
aventures romantiques et son
entrée dans les Ordres. On n'y
parvient pas : la séduction de
sa personnalité est justement
que lui seul pouvait passer
du *Galop chromatique* à l'*Ave*

*L'Abbé Liszt à Rome
(silhouette de Schulze).*

Maria, sans brusquer les modulations et sans faire de fausses notes. » On ne saurait mieux dire.

Dans toute cette agitation, Liszt ne s'émeut pas, et travaille. Un peu de théologie d'abord, car au soir de la cérémonie il avait été reçu par le pape qui lui avait conseillé de pousser un peu ses études en ce sens. Mais c'est surtout à la composition de *Christus* qu'il se donne avec ardeur. Cependant ses occupations de l'époque reflètent les mêmes paradoxes habituels, car s'il sert la messe avec ferveur, s'il lit consciencieusement son bréviaire, il n'oublie pas qu'il a été un virtuose. En mai 1865, quelques jours après son ordination, il écrit à la princesse : *Ma journée d'hier s'est passée à lire une cinquantaine de pages du* Catéchisme de persévérance en italien, *et à chercher quelques traits sur le piano pour la jonglerie indienne de* « L'Africaine ».

C'est à cette époque qu'il change à nouveau de domicile, et va s'installer au Vatican.

Le 15 août, il se rend à Budapest pour diriger la première exécution de *La légende de sainte Elisabeth,* puis la *Dante-Symphonie* laquelle reçoit un accueil triomphal. Au cours d'un concert, il se remet au piano en public pour la première fois depuis bien longtemps, et joue les deux *Légendes* des deux saints François. Un soir, la foule se porte sous ses fenêtres pour l'acclamer : pour ces huit ou dix mille personnes, l'abbé Liszt fait pousser un piano sur le balcon, et se met à jouer des rapsodies hongroises.

1866 L'hiver à Rome est calme. Dans sa retraite, Liszt travaille à son *Christus.* A l'avant-printemps, il apprend la mort de sa mère, quelques jours avant de se mettre en route pour Paris où il doit diriger la *Messe de Gran* et quelques-uns de ses poèmes symphoniques. Ce voyage en France est pour lui un mélange de glorifications et de déceptions. Il est officiellement reçu avec les plus grands honneurs, mais sur le plan musical, quelques blessures bien douloureuses l'attendent. Certes, Camille Saint-Saëns et le grand pianiste Francis Planté lui font une affectueuse et enthousiaste propagande. Mais, après l'audition de la messe à Saint-Eustache — que

Liszt conduit lui-même — la presse est plus que tiède. La foule des auditeurs avait été attirée en masse par cette attraction, au point que ce fut une des plus belles recettes du temps. Mais cela sans résultat véritable. Les « happy few » font la loi. Et les « happy few » préfèrent le pianiste adulé jadis à l'abbé nouvellement ordonné. Les milieux musicaux sont particulièrement féroces, et témoignent d'une incompréhension troublante pour les audaces de ce grand novateur dans le domaine du langage comme dans celui de l'esthétique. Berlioz sort pendant l'exécution, et déclare : « Cette messe est la négation de l'art. » Et d'Ortigue fait un jeu de mots qui n'est peut-être pas plus mauvais qu'un autre, mais qui n'est évidemment pas très digne de la circonstance : « Éloignez de moi ce caliszt. » Il n'est pas jusqu'à Marie d'Agoult qui ne répande ses sarcasmes dans un article de « La Liberté » où elle prétend même faire œuvre de critique musical. On comprend que Franz n'ait guère envie de la voir. Cependant, un jour, son gendre Ollivier parvient à l'entraîner chez elle – c'est d'ailleurs elle qui semble y avoir tenu ; mais la conversation est lente, embarrassée. Marie se montre prétentieuse, et Liszt, agacé, lui renvoie à la figure les bassesses haineuses de « Nélida ». Et l'on en reste là.

Au fond, ce séjour se solde pour lui par un échec. La mauvaise humeur de Berlioz, surtout, lui a fait de la peine, après ce que lui, Liszt, a fait pour lui à Weimar. Les impressions qu'il envoie à Carolyne se résument assez bien en cette seule phrase : *Succès oui – sensation même – mais situation difficile. Saint Grégoire nous aidera.* Ce *saint Grégoire nous aidera* en dit long sur sa déception !

De retour à Rome, il se remet au travail, termine son *Christus*, et compose une messe qui lui est commandée pour le couronnement de l'empereur François-Joseph en Hongrie. Puis pendant l'été et le début de l'automne, alors que Rome l'a déjà un petit peu lassé à nouveau, ce sont d'autres voyages. D'abord à Budapest pour les fêtes du couronnement où il va diriger ; puis à Weimar pour le 800e anniversaire de la Wartburg ; enfin à Munich où il conduit *La légende de sainte Elisabeth*, et où il assiste à « Tannhäuser » et à « Lohengrin ».

Mais c'est aussi à Munich qu'il rencontre Bülow nouvellement nommé directeur du Conservatoire et des principales manifestations d'opéra. Le drame Cosima-Wagner, qui couve depuis cinq ans est alors en plein second acte... Tout avait commencé cinq ans auparavant au cours de l'été. Cosima se trouvait alors dans la station thermale de Reichenhall, en Haute-Bavière, où elle faisait une cure. Après le festival de Weimar que Liszt, ainsi que nous l'avons vu, avait dirigé pour la dernière fois et auquel Wagner avait assisté, les deux hommes, accompagnés de Blandine et d'Émile Ollivier, étaient allés passer quelques jours auprès de Cosima. La beauté de cette incarnation féminine de Liszt avait plongé Wagner dans un grand saisissement : Cosima, mariée à Bülow depuis neuf ans, était alors dans tout l'éclat épanoui de sa trentième année. Un quart de siècle séparait ces deux êtres qu'un simple regard venait d'unir. Mais pas un mot n'avait été prononcé, là pas plus qu'au cours de leurs rencontres ultérieures qui eurent lieu en 1862 à Francfort, puis en 1863 au Gewandhaus de Leipzig où Bülow interprétait le *Concerto en mi bémol majeur* de Liszt. Ce n'est que le 28 novembre 1864 que Richard et Cosima, silencieusement promis l'un à l'autre, s'étaient avoué leur amour : Wagner était de passage à Berlin, et c'est au cours d'une promenade en calèche qu'ils s'étaient parlé, et avaient décidé de déclencher le drame. Bülow était l'ami intime et le défenseur de Wagner depuis une vingtaine d'années. Le gros volume réunissant les lettres que le compositeur adressa à son interprète témoigne de la plus profonde et solide affection mutuelle. A partir de cette date fatidique de novembre 1864, le nom de Cosima avait complètement disparu des lettres que Wagner continuait à adresser à Bülow. Pour deux êtres aussi entiers que Richard et Cosima, rien ne pouvait arrêter la marche du destin. Bülow s'était peu à peu trouvé devant le fait accompli. Après avoir, peut-être, ignoré, il était obligé de vouloir ignorer. C'est dans cette dernière attitude qu'il va se raidir pendant les deux années suivantes, ne trouvant refuge contre sa douleur que dans un travail forcené.

A Munich, Liszt comprend déjà bien qu'il n'y a d'autres res-

sources que d'apporter à Bülow le réconfort de son affection :
il connaît trop bien sa propre fille.

Puis il repart, et c'est Rome, de nouveau.

Avec Cosima, 1867.

1867 Peu d'événements saillants au cours de cette année.
Liszt mène une vie très retirée. Cependant, il se rend parfois
à Münich auprès de Bülow pour le conseiller et l'aider tout
autant dans sa gestion du Conservatoire que dans le désespoir

de sa tragédie intime. En octobre, Liszt prend une grande décision : il ira voir Wagner à Tribschen, et tentera d'obtenir le renoncement. Il arrive à Lucerne le 9. Wagner, vieilli mais toujours exubérant et passionné l'attend, s'empare de lui, le charme sans doute, car, au cours de ce bref séjour, Liszt ne semble pas avoir abordé le tragique sujet qui l'avait amené. Il faut dire aussi que Richard lui a joué au piano le troisième acte des « Maîtres chanteurs » qu'il vient de terminer. Devant la beauté, Liszt a tout oublié un instant. Et quand il revient à Munich auprès de Bülow, il a cette parole énigmatique : *J'ai vu Napoléon à Sainte-Hélène.*

Puis c'est le retour en Italie. Mais, toujours d'humeur vagabonde, Liszt ne se rend pas directement à Rome, et s'attarde longuement et fervemment aux lieux saints : Assise, Notre-Dame de Lorette, Grotta Mare.

1868 Année de retraite romaine, une des rares années sans histoire de la vie de Liszt.

1869 La précédente retraite est motivée non pas seulement par les travaux de tous ordres que Liszt y poursuit ; pas non plus par le besoin de dépouillement et de pénitence que lui a inspiré l'aventure Richard-Cosima. Ce n'est pas davantage une crise de conscience comme celles qu'il avait eues jadis. Mais l'idée de la mort commence de le poursuivre. Il y pense avec une apparente sérénité : *Je ne veux pas d'autre place pour mon corps*, écrit-il à Carolyne, *que le cimetière dont on se sert là où je mourrai, ni d'autre cérémonie religieuse qu'une messe basse (sans Requiem chanté) dans la paroisse.* Cette sérénité est étonnante de la part d'une nature comme celle de Liszt. Mais nous verrons que si elle est profondément sincère, l'auteur des *Rapsodies* tient encore à aimer la vie.

Au début de l'année, il est appelé à Weimar où le grand-duc tient à le revoir, et souhaite sa présence régulière. Il lui offre une charmante habitation qu'il a fait installer à son intention, l'ancienne demeure du jardinier en chef de la cour, la Hofgärtnerei. Liszt accepte. Il vient. On lui fait fête, tout comme jadis. De belles femmes et de ravissantes élèves l'entourent.

Olga Janina

Elles s'aiment toutes en moi, constate-t-il gentiment. Et c'est un délire de musique, de cours, de leçons : piano, musique de chambre. Avec passion, avec une jeunesse fougueuse et toute nouvelle, il se remet au clavier, et donne des cours d'interprétation qui laissent des souvenirs inoubliables chez ceux et celles qui eurent le privilège d'y assister.

Et puis les amis affluent de toutes parts. C'est le second règne weimarien qui commence. Tout cela n'est pas sans agacer un peu la princesse qui continue de produire ses gigantesques ouvrages dans sa solitude romaine. Mais peut-être a-t-elle senti que le seul moyen de garder cet être exceptionnel, c'est de lui laisser un minimum de liberté. Par contre, elle sera moins tolérante quand, à l'automne, pendant le séjour un peu plus long de Liszt, elle le verra aux prises avec une élève passionnée, la comtesse Janina, qui tombe follement amoureuse de lui, et le prouve avec toute la turbulence de ses origines cosaques. Dire que Liszt n'est pas touché par ces démonstrations excessives serait sans doute abusif. Il se défend honnêtement, sublimement, par la prière. Il s'enfuit même, et se réfugie chez le cardinal de Hohenlohe à la Villa d'Este, croyant y être à l'abri de toute incursion. Mais un jour, il voit arriver un ravissant jeune homme qui, portant des brassées de fleurs, se jette à ses genoux : c'est la Janina déguisée en garçon. Ce qui se passa alors est difficile à affirmer. Mais pourquoi ne pas nous en remettre à la version si poétiquement lisztienne que nous suggère Guy de Pourtalès : « Liszt travaillait à sa *Cantate pour le centenaire de Beethoven* et gardait à portée de sa main la « Perfection chrétienne », un tout récent ouvrage de Carolyne. Mais cette fois le beau jardinier d'amour l'emportera sur tous les talismans. »

Amen.

Cette année 1869 apporte aussi à Liszt une autre émotion : c'est celle de la rupture définitive entre Wagner et Bülow. Le destin de Cosima est définitivement joué. Les dernières lignes de la dernière lettre que le compositeur adresse à son fidèle et fervent interprète sont celles-ci : « Nous sommes tous suffisamment malheureux pour ne plus nous faire illusion à propos de rien, car il nous est désormais impossible de nous aider. » Il y a longtemps que Liszt ne se faisait plus d'illusion là-dessus.

1870 Année d'activité retrouvée. Dès le début, Liszt s'installe dans la petite maison de la Hofgärtnerei de Weimar, et y prépare le festival qu'il doit diriger à la demande du grand-duc au commencement de l'été suivant. Puis il se rend à Budapest pour y jeter les bases de l'une de ses futures activités : la direction et la présidence de l'Académie royale de musique. Après quelques voyages en Allemagne et en Autriche, il revient à Weimar pour ce festival qui doit se dérouler du 15 juin au 6 juillet et dont il est le grand maître d'œuvre. C'est là qu'il conduira cette *Cantate pour le centenaire de Beethoven* qu'il était en train de composer à la Villa d'Este au moment où la Janina avait violé la consigne. Et si les programmes de ces fêtes musicales sont le triomphe de Wagner avec des représentations de « Tannhäuser », de « Lohengrin », du « Vaisseau fantôme », des « Maîtres chanteurs » et de « Tristan », elles sont aussi le triomphe de sa volonté, de l'amitié et de la ténacité lisztiennes. Cette apothéose, par une ironie du sort, a lieu quelques semaines avant l'événement qui va consacrer la rupture de Liszt et de Wagner : celui-ci épouse Cosima le 25 août. Franz rompt également avec sa fille.

En attendant, le succès du festival de Weimar est total. Belle revanche pour Liszt. Le règne de « saint Liszt » est vraiment arrivé. Toute la société européenne est là, souverains, princes, artistes, élèves. Marie de Moukhanoff-Kalergis écrit : « Toutes les inimitiés se sont tues en présence du grand Liszt, qui n'a jamais paru plus grand et meilleur... Dans les détails il apportait sa grâce infinie, son soin délicat de tous et de chacun, aimable aux plus petits, distribuant l'éloge et le conseil, sur pied dès sept heures du matin, jouant, dirigeant, parlant tout le long du jour, et cela à la veille de la soixantaine... Il double les forces de tous ceux qui l'approchent et ne perd rien des siennes... On s'est enivré de musique et d'idéal avec une chaleur d'enthousiasme, une unanimité d'admiration qui ne se rencontre nulle part ailleurs. »

Dès la fin de ce festival triomphal, Liszt part, sans attendre, pour Munich où se donne la première représentation de « La Walkyrie » (26 juin) à laquelle Wagner n'assiste pas.

La guerre franco-allemande vient déchirer ce cosmopolite passionné. Il va s'abriter quelque temps chez un ami hongrois. C'est de là qu'il écrit à Carolyne : *Après le coup terrifiant de la reddition de l'armée française et de l'empereur, il faut renoncer pour un temps assez long aux espérances dont votre lettre m'entretenait. La Providence a prononcé son arrêt contre le souverain que j'admirais comme le personnage le plus habile et le meilleur de notre époque... D'une telle catastrophe se dégagera sans doute aussi quelque grande idée, et on verra apparaître je ne sais quel principe régulateur des États modernes ; mais la philosophie de l'histoire est une science bien conjecturale encore aujourd'hui, et tout enveloppée d'épouvante... La politique est la science de l'opportunité et l'art de l'à-propos. Évidemment M. de Bismarck s'y entend mieux que d'autres, quant à présent ! Je n'ai pas à le suivre dans ces hautes régions et m'occuperai de tout cœur de « Saint Stanislas ». Prions que le règne de Dieu arrive.*

Et c'est en effet à son *Saint Stanislas,* composé sur un texte de la princesse, qu'il se met tout entier en cette fin d'année.

A Rome, ces deux vieux amants continuent de ne pas se voir très souvent. Carolyne reste plongée dans ses travaux d'apologétique. Franz évite les visites, car il sait que sa parole est vive, et que les discussions, fussent-elles d'une très grande hauteur de pensée, peuvent surgir d'un moment à l'autre. Il préfère lui écrire, à loisir et fort longuement, des choses fort édifiantes.

Et puis la liberté n'est-elle pas le plus précieux des biens ? C'est son sentiment. Ce n'est pas celui de la princesse. Celle-ci le voyant sans cesse attiré vers les séjours de Weimar et de Budapest essaie de lui donner un mentor en la personne de Mlle Adelheit von Schorn, du moins pour ses périodes de résidence à Weimar.

1871 Dès le début de l'année, comme la coutume s'en est maintenant établie, Liszt s'installe à Weimar. « L'ange gardien » que lui a donné Carolyne a tôt fait de l'exaspérer par l'indiscrétion des rapports qu'il adresse à Rome.

La saison weimarienne une fois terminée, Franz rentre à Rome, ravi d'être débarrassé de la surveillance de Mlle Adelheit von Schorn. Il va se remettre paisiblement au travail, lorsqu'il reçoit un bombardement épistolaire de son ancienne cosaque, la comtesse Janina, qui, de New York, lui annonce joyeusement son arrivée. Après lui avoir répondu assez rudement, Liszt est fort heureux de partir pour Budapest où la nouvelle Académie de musique requiert ses services. Mais la Janina a reçu la lettre où elle se faisait poliment mais fermement rabrouer. Avant de partir par les voies les plus rapides, elle télégraphie : « Partirai cette semaine pour payer réponse à votre lettre. » De Rome où elle arrive trop tard, elle file sur Budapest où elle débarque en fureur, non plus avec des fleurs dans les bras, mais des pistolets à la ceinture. Le projet de tuer Liszt ne lui donne finalement qu'une crise de nerfs, et cette jeune agitée est aussitôt rembarquée pour Paris où, par vengeance, elle écrira deux brochures volcaniques mais sans intérêt, « Les souvenirs d'une cosaque » et « Les souvenirs d'un pianiste ».

Mais Liszt a l'habitude des femmes qui écrivent trop...

Après Budapest, il revient à Rome où la princesse le reçoit sévèrement, non pas d'ailleurs pour les extravagances de la Janina dont, bien entendu, toute l'Europe a aussitôt parlé, mais parce qu'elle a pris en défaut – et avec quelque retard – la vigilance de « l'ange gardien » de Weimar : pendant son dernier séjour, Franz s'y était exalté en compagnie d'une dame bien jolie, la baronne de Meyendorff, qui était aussi austère que passionnée, et qui était veuve depuis peu. Une fois encore, l'orage passa vite. Ce fut d'ailleurs, semble-t-il, le dernier. Carolyne ne devait plus avoir l'occasion de froncer le sourcil.

1872 Dès lors, les activités conservent une certaine régularité, équilibrées entre les deux séjours habituels à Weimar et à Budapest.

Entre-temps, le 22 mai, jour anniversaire de la naissance de Wagner, a lieu la pose de la première pierre du théâtre de Bayreuth. Les deux hommes ne se sont ni vus, ni écrit depuis longtemps. Liszt n'a évidemment pas l'intention de s'y rendre, n'étant d'ailleurs pas invité. Cependant, quarante-huit heures avant l'événement, il reçoit de Richard la lettre suivante datée du 18 : « Mon cher grand ami, Cosima prétend que tu ne viendras pas, même si je t'invitais. Il nous faudrait donc encore supporter cette peine-là, nous qui en avons déjà tant supporté ? Mais ne pas t'inviter, cela je ne le puis. Quel appel vais-je donc joindre à ce mot : « Viens » ? Tu es venu dans ma vie comme l'homme le plus grand auquel il me fut jamais permis de donner le doux nom d'ami ; et puis tu t'es détaché lentement de moi, peut-être parce que ton affection pour moi n'avait jamais valu celle que je te portais. Mais quelqu'un t'a remplacé, comblant mon nostalgique désir de te sentir tout proche : c'est ton être véritable et le plus profond qui, renaissant, s'est rapproché de moi. C'est ainsi que tu vis en pleine beauté devant mes yeux et dans mon cœur et que nous sommes unis comme par delà les tombes. Tu fus le premier dont l'amour m'ennoblit ; uni à cet amour pour une seconde vie, plus haute, je peux maintenant ce que je n'aurais jamais pu tout seul. Voilà comment tu as pu devenir tout pour moi, tandis que je suis resté pour toi si peu de chose. Tu vois à quel point ma part est la meilleure ! Te dire « Viens ! », c'est te dire « Viens vers toi-même ! ». Car c'est toi qu'ici tu trouveras. Sois béni et chéri quoi que tu décides. Ton vieil ami. Richard. »

C'est d'un peu de mauvaise foi, de passablement d'habileté, et de beaucoup de sublime jailli du cœur. On ne résiste pas. Et Franz de répondre aussitôt : *Cher et admirable ami, profondément remué par ta lettre, je ne puis trouver les mots pour te remercier. Mon fervent espoir est que les fantômes de considérations qui m'enchaînent encore au loin s'évanouissent, et que nous puissions bientôt nous revoir. Car il faut que tu aies la preuve éclatante que mon âme VOUS est restée indissolublement attachée — cette âme régénérée qui participe à ta seconde vie, plus haute, où tu peux ce que tu n'aurais pu tout seul. J'aurai le pardon du ciel parce que je dis : Que la bénédiction de Dieu soit sur vous, comme est tout mon amour. 20 mai 1872, Weimar. F. L. Je répugne à envoyer ces lignes par la poste. Elles te seront remises le 22 mai par une femme qui sait depuis des années ce que je pense et ressens.* C'est le fameux « ange gardien », Mlle von Schorn, qui prit le train, et porta la lettre à Wagner.

La réconciliation est consommée. Dans les lettres que Liszt et Wagner échangeront à l'avenir, ils ne s'interpelleront plus que dans les termes suivants : « Mon auguste ami », ou « Sublimissime », ou « Incroyable ami », ou « Encore plus incroyable ami » etc. Mais cette réconciliation doit être scellée par une prompte rencontre. Celle-ci se produit en septembre, lorsque Liszt se rend à Bayreuth où il passe quelques jours avec le ménage et les cinq enfants. Le théâtre est déjà assez avancé, et Wagner montre à Liszt ses premiers travaux pour « Parsifal ». Franz a complètement pardonné à sa fille : *Que d'autres la jugent et la condamnent,* dit-il ; *pour moi elle reste une âme digne du grand perdono de saint François, et admirablement ma fille.*

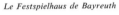

Le Festspielhaus de Bayreuth

Cette bonne entente est, par contre, loin de faire plaisir à Carolyne qui, au fond, n'a jamais aimé les Wagner, et a toujours craint pour Franz leur fréquentation.

1873 Cette mauvaise humeur, la princesse va la manifester vivement et de façon assez aigre pour que Liszt ait le besoin de s'éloigner d'elle : presque tout l'hiver 1872-1873, il le passe à Budapest où il dirige l'Académie.

Au printemps, il se rend à Weimar où il conduit la première audition de son *Christus*, oratorio qui est accueilli avec un grand succès par un vaste public international.

Puis, toujours contre la volonté de la princesse, il passe l'été à Bayreuth, pendant des jours qui, de son propre dire, seront parmi les plus agréables de sa vieillesse.

En septembre, il donne trois semaines à Carolyne qui, toujours enfermée dans sa retraite romaine et écrivassière, enrobe ses reproches : « Votre âme est trop tendre, trop artiste, trop sentimentale pour demeurer sans société féminine, écrit-elle. Vous avez besoin de femmes autour de vous, et de femmes de tous genres, comme un orchestre réclame des instruments différents, des tonalités variées. Malheureusement il est peu de femmes qui soient ce qu'elles doivent être : bonnes et sincères, répondant à votre intelligence sans poser une main coupable sur des cordes qui, si elles résonnent, rendent un son douloureux. Je suis souvent bien triste en songeant comme vous resterez incompris. Peut-être, dans l'avenir, vos triomphes sembleront-ils avoir été des bacchanales parce que quelques bacchantes s'y sont mêlées... »

L'automne le retrouve à Budapest où l'on célèbre son jubilé : cinquantième anniversaire du premier concert qu'il avait donné à Vienne lorsque Beethoven l'avait embrassé. Après des journées de fêtes triomphales comme ses compatriotes lui en ont toujours dédié, il donne quelques concerts à Vienne, Presbourg et Œdenbourg, villes de ses premiers exploits.

Mais toutes ces festivités l'ont grandement épuisé. Aussi est-ce avec satisfaction qu'il rentre en Italie, s'installe à la

Villa d'Este où il va passer quelques mois paisibles et heureux, plongé dans la composition de *La légende de sainte Cécile* et des *Cloches de Strasbourg*. Vie régulière, où Liszt ne sort de sa solitude que le dimanche pour rendre visite à la princesse.

1874 La paisible vie romaine continue, et n'est troublée cette année-là que par la triste nouvelle de la perte de sa vieille amie Marie Moukhanow. Le grand chagrin qu'il en éprouve lui inspire aussitôt son *Élégie en mémoire de Mme Marie Moukhanow, née comtesse Nesselrode.*

1875 Puis au printemps, les voyages reprennent. C'est d'abord Budapest où Wagner et Liszt montent alternativement sur l'estrade, le premier pour diriger des fragments du « Ring », le second pour jouer un concerto de Beethoven. C'est ensuite Munich et Hanovre, et enfin Weimar au début de juin. Là, le grand-duc a organisé un hommage à la mémoire de celle qui avait été sa grande amie, Marie Moukhanow. Une assemblée internationale de souverains et d'artistes a été réunie pour cette occasion. Devant un catafalque de fleurs et de gazon sur lequel est posé le portrait de Marie, Liszt dirige son *Requiem*, l'*Ave Maria*, l'*Hymne de l'enfant à son réveil*, *La Légende de sainte Cécile*, et son *Élégie*. Et ce fut lui qui, en quelques mots, prononça son oraison funèbre : *Il y avait en elle je ne sais quelle note mystérieuse dont l'accord ne retentit qu'au ciel.*

1876 Année glorieuse, mais aussi année de deuil.
Glorieuse, car en août, Liszt assiste à l'apothéose des idées qu'il a toujours défendues : devant un parterre de souverains, de disciples, de touristes, de musiciens, le théâtre de Bayreuth est inauguré (13 août, avec « L'or du Rhin »). Liszt est au comble de l'enthousiasme et du bonheur, et il ne peut s'empêcher d'en informer Carolyne : *Plus de doutes ni d'obstacles, l'immense génie de Wagner a tout surmonté. Son œuvre, « L'Anneau du Nibelung », luit sur le monde. Les aveugles n'em-*

pêchent point la lumière, ni les sourds la musique. La princesse prend assez mal de telles explosions de joie. Le triomphe wagnérien l'exaspère, et elle écrit à Liszt des lettres pleines de reproches, accusant celui-ci de ne jouer qu'un « rôle de comparse ». Ces remarques blessantes n'atteignent point Liszt qui, loin de ne jouer qu'un tel rôle, reçoit au contraire l'hommage dû à sa fidélité et à son amitié : au grand banquet public donné après le cycle, Wagner se lève, et, devant les huit cents convives, désigne Liszt : « Voici celui qui le premier m'a apporté sa foi, alors que personne ne savait encore rien de moi, celui sans lequel vous n'auriez peut-être jamais entendu une note de ma musique, mon très cher ami Franz Liszt. »

Année de deuil. Peu avant, en juin, alors qu'il se trouvait à Budapest, les journaux lui avaient appris la mort de Marie d'Agoult sur laquelle une lettre de Ronchaud lui apportera aussitôt quelques détails : « La maladie de Mme d'Agoult a été très courte, et nous n'avons connu le danger que la veille de sa mort... Elle est morte d'une fluxion de poitrine prise pendant une promenade : elle a souffert beaucoup les premiers jours, les derniers ont été plus calmes. » Franz essaye de s'émouvoir, mais sans succès semble-t-il, lui qui écrit alors : « Le plus désirable des sacrements à recevoir me semble celui de l'Extrême-Onction. »

Et en septembre, ce sera la nouvelle de la mort de George Sand.

Liszt ne rentrera pas à Rome cet hiver-là. L'échange de correspondance avec Carolyne a été assez vif après les reproches que celle-ci avait faits à Franz. Celui-ci a répondu, faisant allusion au « rôle de comparse » dont on l'accusait : *Personne ne joue de rôle ici. On crée l'art, et on en jouit... En toute humilité, je ne crois pas mériter la lettre que je reçois de vous aujourd'hui... Dieu sait qu'alléger vos souffrances était ma seule tâche pendant beaucoup d'années. Pour ma part, je ne veux me souvenir que des heures où nous avons pleuré et prié ensemble, d'un même cœur. Après votre lettre d'aujourd'hui, je renonce à retourner à Rome.*

1877 Il y reviendra cependant, mais seulement l'été suivant. Auparavant il est un peu partout en Europe : Weimar, Budapest, et aussi un bref séjour sur les bords du Rhin où Bülow, surmené, par ses tournées de concerts comme pianiste et comme chef d'orchestre, se repose. Liszt avait tenu à le voir, car son ancien gendre, tournant le dos à la cause wagnérienne qu'il avait jusqu'alors si ardemment défendue, avait pris parti pour ce que l'on croyait à l'époque être la cause adverse : celle de Brahms. Il avait eu des paroles assez malheureuses pour ses anciens amis. S'il avait des excuses sur le plan humain, il n'en avait pas moins des torts graves sur le plan artistique. Liszt tenait à le voir pour lui pardonner cette conduite fâcheuse. Voici l'impression que Bülow lui produit : *Il souffre plus au moral qu'au physique. Son héroïsme inné lui reste, et le rendra victorieux, j'espère, du double mal qui l'opprime.*

Puis c'est le retour à Rome. Il s'installe à Tivoli où il travaille dans le calme. C'est précisément à cette époque qu'il compose, pour son troisième cahier d'*Années de pèlerinage*, ses deux thrénodies *Aux cyprès de la Villa d'Este, Angelus ! Prière aux anges*, et le *Sursum corda*. Il multiplie les pratiques religieuses, et en obtient une paix et un bonheur très profonds dont de telles œuvres sont directement le reflet.

Il y a bien de temps en temps de petites escarmouches avec Carolyne. Et ces escarmouches ne sont plus toujours d'ordre religieux maintenant ; elles se passent aussi sur le terrain politique, et en général sur celui de toutes les grandes questions de la vie. En cette année 1877, voici ce qu'il écrit à la princesse : *Le grand accablement de mes vieux jours est de me trouver en contradiction d'opinion avec vous. Il n'en était pas ainsi de 1847 à 1862... Rome et vos transcendances d'esprit ont changé tout cela... Depuis le Syllabus — auquel je me range et me soumets selon le devoir des catholiques — nous avons constamment été en controverse sur les choses de Rome, de Pesth et de Weimar.* Les termes sont, certes, mesurés. L'expression « vos transcendances d'esprit » ne manque pas de malice. Mais le ton n'en est pas moins ferme. Le « Fainéant » dit bien ce qu'il pense à son « Bon ecclésiaste ».

1878 De temps en temps, depuis des années, il se remet à ce *Saint Stanislas* dont on se souvient que la princesse avait composé le texte ; mais sans grand enthousiasme.

Il fait quelques voyages en Allemagne et en Hongrie, puis revient à Paris où, à l'occasion de l'Exposition universelle, sa *Messe de Gran* est montée à Saint-Eustache par Pasdeloup. Il avait beaucoup hésité avant de s'y rendre, car il gardait un fort mauvais souvenir de son séjour de 1866 au cours duquel Berlioz et quelques autres vieux amis s'étaient si mal conduits à son égard. En tout cas il précise qu'il ne veut y paraître ni « en vieux pianiste », ni « en jeune compositeur ». Et, parlant de ces décevants amis, il écrit à Saint-Saëns : *Je ne voudrais pas renoncer entièrement à l'idée de les revoir, quoique la triste exécution de la Messe de Gran en 1866 et les verbiages consécutifs m'aient laissé une pénible impression. Cela s'explique simplement de part et d'autre. Néanmoins, m'exposer désormais à de semblables malentendus, serait de trop. Sans fausse modestie, ni sotte vanité, je ne saurais me ranger parmi les célèbres pianistes égarés en des compositions manquées.* Cette idée l'obsède, fort légitimement d'ailleurs ; c'est ce que la princesse n'a cessé de lui répéter, jusqu'à l'irritation, dans son désir de le voir rompre avec un certain nombre de gens qu'elle supportait difficilement.

Quoi qu'il en soit, il vient quand même à Paris. La *Messe de Gran* est un énorme succès, et fait une recette considérable pour l'époque : 150 000 francs. Pasdeloup, qui vient saluer Liszt, ajoute : « Votre *Credo*, monsieur l'abbé, est un succès certain aux Concerts populaires. »

Après quelques nouveaux voyages sans histoire, il retourne à Rome où il passe la Noël. Il écrira à la princesse qu'à la messe de minuit il a prié tout particulièrement pour elle, et pour se *rendre digne des sentiments surnaturels* qu'elle lui prodigue. Cependant les chamailleries continuent sans cesse : *Vous ne tenez plus aucun compte de l'honneur logique de ma vie*, écrit-il à Carolyne. *Quand je serai mort, vous vous apercevrez que mon âme était et demeure toujours profondément attachée à la vôtre.* Ces deux vieux amants sont perpétuellement entre le sublime et le règlement de comptes.

1879 Cette année se passe presque tout entière à Rome. Grand travail. De quatre heures du matin à midi, il lit, compose, ou médite. L'après-midi, il donne des leçons. C'est l'époque où il écrit une nouvelle version de la *Méphisto-Valse*, *Via crucis*, *Les sept sacrements*. Toujours ce même contraste : d'un côté *Méphisto*, de l'autre des œuvres mystiques dont l'esprit contemplatif est complètement désincarné.

C'est aussi l'époque où il fait la découverte de la jeune musique russe. L'ardent défenseur de la musique de l'avenir se réveille alors pour saluer avec enthousiasme des nouveautés aussi insolites pour le temps. En parlant de Rimsky-Korsakoff, de Balakirew, de Borodine, de César Cui, et de Liadow, il déclare : *Les cinq musiciens que je viens de citer tracent un sillon plus fructifiant que les imitateurs attardés de Mendelssohn et de Schumann.*

Enfin, il prie. Il prie beaucoup. Et le 12 octobre, il est fait chanoine d'Albano, ce qui donne le droit à ce vénérable et franciscain dandy de porter l'écharpe violette, suprême coquetterie dont les photographies portent témoignage.

Liszt en chanoine
(caricature du Borsszem Jankó, 1879)

Wagner chez lui, par Beckmann, 1880.

1880   Il a beau écrire : *La fatigue de l'âge, et je ne sais quelle tristesse intérieure, fruit d'une trop longue expérience, augmentent et me rendent les exhibitions en public fort pénibles*, de temps en temps le démon des voyages le reprend. Ce sont à nouveau des courses à travers l'Europe, puis une saison à Weimar, et un long séjour au Conservatoire de Budapest où il ne quitte pas une toute jeune personne, Lina Schmalhausen, ultime galanterie. Mais le rôle de Lina est sans doute plus celui d'une dame de compagnie que d'un flirt, car la santé de Liszt commence à lui donner quelques alarmes sous la forme d'un début d'hydropisie que d'ailleurs il s'obstine à ne pas vouloir soigner autrement que par son cognac familier.

1881 Au printemps, Liszt compose un treizième poème symphonique — le seul qui ne soit pas dédié à la princesse — *Du berceau à la tombe,* partition qui n'a évidemment pas la vigueur de ceux de la grande époque. Il travaille également au *Cantique du Soleil de saint François d'Assise.*

En juillet, il part pour Weimar, mais il n'y travaillera guère. Sa santé devient de plus en plus fragile. Il a des somnolences, et éprouve de grandes fatigues. Un jour il fait une chute assez grave dans l'escalier. Il aura beaucoup de mal à s'en remettre, malgré les soins attentifs de Bülow et de sa fille Daniela qui ne le quittent pas. C'est à ce moment que Borodine, de passage à Weimar, vient se présenter à lui, très timidement. Mais Liszt l'encourage, le félicite de l'audace de ses modulations, et lui dit tout l'espoir qu'il met en l'avenir de la jeune école russe.

La convalescence se passera à Bayreuth où Cosima restera auprès de lui pendant tout le mois de septembre. Pendant ce temps, Wagner achève « Parsifal » dans une pièce voisine.

En octobre, accompagné de Daniela sa petite-fille, il repart pour Rome. Au matin de son anniversaire, le 22, il reçoit de Carolyne la lettre suivante : « Cher, cher bon, que votre soixante-dixième anniversaire commence sous les auspices du soleil qui éclaira le 22 octobre à Woronince. Respirons l'éternité. C'est pour l'éternité que j'ai désiré vous posséder en Dieu et vous donner à Dieu. Bonne année, et bonnes années, cher grand. Vous avez de grandes choses à faire. Et Dieu qui donne de quoi les faire donne aussi la récompense ici-bas et en haut. En attendant la récompense complète, réjouissons-nous des petits acomptes... A bientôt. Saint François a fait tant de miracles ; il en fera aussi pour vous qui le couvrez de gloire. Gloire séculaire. »

Le même jour, où une petite fête est organisée par les amis romains, il reçoit un télégramme de Wagner : « Tu lui as donné la vie *(Wagner parle de Cosima) ;* tu m'as rendu à la vie. Aussi longtemps que tu répandras autour de toi de la bonté et de la beauté — et tu ne saurais jamais agir autrement — cette vie reste tienne, et nous te l'offrons avec toute notre reconnaissance. Salut à toi ! Ton ami. » Et Franz de répondre aussitôt : *Unique ami, aujourd'hui 22 octobre, ton poème m'apporte une joie profonde et indicible. Que nulle illusion, mais la paix et le bonheur soient avec toi, Cosima, et les enfants. En toute fidélité, votre Franciscus.* Cette dernière phrase fait allusion aux mots allemands *Wahn* et *Fried* dont Wagner avait fait le nom de sa maison à Bayreuth.

1882   L'hiver se passe à Rome sans faits notables. Mais le printemps est marqué par l'arrivée d'un beau message : la partition de « Parsifal » avec la dédicace : « O mon ami, mon Franz, premier et unique, reçois ce remerciement de ton Richard Wagner. » Et Liszt aussitôt répond en recopiant de sa main un motif de l'œuvre :

Avec les sonneries de cloches de ton « Parsifal »...

ton frère spirituel te remercie à jamais et du fond du cœur.

Malgré sa santé toujours fragile, Liszt fera encore cette année-là ses traditionnelles saisons à Weimar et à Budapest. Puis, en août, il se rend à Bayreuth pour assister à la création de « Parsifal ». L'œuvre déchaîne son admiration, ce qui n'est pas sans agacer une fois de plus Carolyne : *Mon point de vue reste fixe*, écrit-il : *l'admiration absolue, excessive si l'on veut. Le « Parsifal » est plus qu'un chef-d'œuvre — c'est une révélation dans le drame musical. On a dit justement qu'après le Cantique des Cantiques de l'amour terrestre de « Tristan et Isolde », Wagner a glorieusement tracé dans « Parsifal » le suprême cantique de l'amour divin.*

De toute la fin de l'année, il ne quittera plus les Wagner. D'abord il assiste au mariage de sa petite-fille Blandine, puis, en octobre tout le monde va se fixer à Venise, au palais Vendramin. Vie toute familiale au cours de laquelle Liszt se remet cependant une fois de plus à son *Saint Stanislas*. Chaque matin il va à la messe. Il lit beaucoup aussi, et ce n'est pas le courage qui lui fait défaut puisqu'il se lance dans les vingt-deux volumes interminables et interminés des « Causes... » de la princesse. Mais il s'empresse de lui rendre compte aussitôt de son insuccès à se les assimiler : *Quel immense labeur que ces 22 volumes des « Causes ». Vraiment, vous procédez de saint Augustin, saint Bernard, saint Thomas, sainte Thérèse, sainte Catherine de Sienne — et un peu aussi de Joseph de Maistre, car, ne vous en déplaise, vous partagez avec lui le sens militant et prophétique... A la vérité, je ne comprends rien à la politique et à la théologie ; par conséquent les trois quarts de votre labeur restent au-dessus de ma portée. Quant à l'esthétique, j'avoue aussi n'avoir pas jusqu'à présent trouvé un fil d'Ariane qui me tirera du dédale des nombreux systèmes des philosophes anciens et modernes. Espérons que je saisirai enfin le vrai fil dans votre théorie élucidée des émotions et sensations. D'ici là, je me vois condamné à un sceptique chagrin.*

A la fin de son séjour, avant de partir pour Budapest, Liszt écrit *La Gondole funèbre.*

1883 Le 14 février au matin, il apprend la mort de Wagner.

Liszt était dans sa chambre en train d'écrire quand on vint lui annoncer la nouvelle. Il eut une singulière réaction. D'abord, continuant d'écrire, il ne répondit pas. Puis un long moment après, il murmura : *Pourquoi pas ?* Il se tut encore un long moment, et, levant enfin la tête : *Moi aussi on m'a enterré bien des fois.* Une dépêche de Daniela arrivait peu après : « Maman vous prie de ne pas venir. Restez tranquillement à Pesth. Nous ramènerons le corps à Bayreuth après un bref arrêt à Münich. » *Lui aujourd'hui, moi demain*, dit simplement Liszt, pensant que mourir est plus simple que vivre, et que là seulement est *notre délivrance d'un joug involontaire, suite du péché originel.*

Il reste à Budapest jusqu'en mai pour se rendre ensuite à Weimar, où, en dépit de sa mauvaise santé et de son hydropisie croissante, il vient participer à un grand hommage au cours duquel il dirige « l'Enchantement du Vendredi Saint », ainsi qu'une œuvre composée par lui en cette occasion, *Sur la tombe de Richard Wagner.*

Puis il repart pour Budapest où il établit une nouvelle version de son *Requiem*.

1884 Année calme où, cependant, nous retrouvons tous les contrastes de la personnalité de Liszt ; mélange de périodes méditatives et solitaires, et de besoin d'agitation et de voyages. Au printemps, il dirige à Weimar des fragments de ce fameux *Saint Stanislas* qu'il n'arrive pas à terminer. En août, il est à Bayreuth où il écoute « Parsifal », et où Cosima, enfermée dans un deuil farouche, n'acceptera même pas de le voir, lui. En septembre, il fait une tournée en Hongrie où, des paysans jusqu'aux princes, on lui réserve l'accueil triomphal habituel.
Épuisé, il regagne Rome vers l'automne.

Le retour de l'enfant prodigue en Hongrie en 1884.

Avec Lina Schmalhausen

1885 Dès les fêtes du nouvel an passées, il repart – et cette fois comme en sa jeunesse – pour sillonner l'Europe en donnant des concerts : Italie, Autriche, Hollande, France,

Allemagne, Hongrie. Il fait ses séjours traditionnels à Weimar et à Budapest. Il est curieux de constater que c'est là une des années les plus actives de sa carrière. Et, en plus, il compose sur des coins de table, dans des chambres d'hôtel : *Je perds mon temps plus ou moins volontairement. Vu l'affaiblissement de l'âge, le travail me devient plus difficile ; cependant je continue laborieusement à noircir du papier à musique.*

Retour à Rome vers la fin de l'année, dans un état de grande fatigue.

1886 Cette dernière année de la vie de Liszt ne sera pas moins active ni moins agitée que la précédente. Ce grand voyageur tire un dernier feu d'artifice. Dès le début de janvier, il inaugure une série de concerts consacrés à sa musique en donnant un récital au cours duquel il apparaît pour la dernière fois en public comme pianiste.

Puis il reprend la route pour ce qu'il appelle sa *suprême grande tournée.* D'abord l'Italie, Florence et Venise, puis l'Autriche, Vienne. Partout il est reçu par des foules délirantes. Des galas triomphaux sont organisés. Il est acclamé, couvert de fleurs, d'honneurs. Il reçoit les propositions les plus insensées, et si quelques dames relativement calmes lui proposent de n'être simplement que sa gouvernante, d'autres lui offrent infiniment plus. Puis il s'arrête à Liège où il est l'objet du même accueil, avant de venir à Paris où il sera la proie de turbulentes admiratrices, et où sa *Messe de Gran* sera donnée deux fois à Saint-Eustache, et triomphalement. Ensuite, c'est Londres où il mène une vie très mondaine, est reçu par la famille royale, et où a lieu une très belle exécution de *La légende de sainte Élisabeth.* Nous sommes en avril. Il a déjà fait beaucoup de chemin depuis le début de l'année. Mais n'écoutant pas sa fatigue, il continue. Pendant la Semaine Sainte, nous le retrouvons à Anvers. Il est de nouveau à Paris la première semaine de mai, et y assiste à une exécution de *La légende de sainte Élisabeth* dirigée au Trocadéro par Colonne devant six mille personnes. « C'est construit avec de saintes pierres », s'écrie Gounod.

En juin, c'est Weimar. En juillet, Bayreuth où il arrive

presque à bout de forces pour assister au mariage de sa petite-fille Daniela avec un jeune écrivain, Thode, auteur d'un remarquable ouvrage sur saint François d'Assise que Franz vient précisément de lire. Est-ce le dernier voyage ? Non, encore un. Cette fois c'est au Luxembourg où il est invité par un vieil ami, le peintre hongrois Munkacsy. Il repart le 20 juillet pour Bayreuth. C'est dans ce train, où deux amoureux font des courants d'air avec les fenêtres, qu'il prend froid. Arrivé à Bayreuth, il se met au lit avec une forte fièvre. Il habite une petite maison tout près de Wahnfried. Il ne peut rester en paix : le 21, il exige de se lever pour aller voir Cosima. Mais le 22, les forces lui manquent, et il doit garder le lit. Les amis qui sont là viennent lui rendre visite ou faire son whist. De nouveau, il se lève.

Samedi 24 : réception de ses élèves, et visite à Wahnfried.

Dimanche 25 : malgré l'interdiction du docteur, il se fait porter dans la loge de Wagner, et assiste à une représentation entière de « Tristan ».

Lundi 26 : une nouvelle aggravation se produit, et on lui interdit même le cognac qu'il prenait pour se remonter. Les forces baissent considérablement.

Mardi 27 : le simple refroidissement se transforme en grave congestion pulmonaire. Le médecin prescrit un repos absolu, et interdit toute visite. Cosima s'est fait monter un lit devant la porte de sa chambre.

Mercredi 28 : anéantissement complet.

Jeudi 29 : anéantissement complet.

Vendredi 30 : délire.

Samedi 31 : à deux heures du matin, crise de délire encore plus terrible. Dans cette inconscience, des forces effrayantes lui reviennent. Il pousse des cris, se lève, bouscule le domestique qui tente de le remettre au lit. Vers huit heures, le médecin vient lui faire une piqûre. Plus tard, Cosima lui demande s'il veut un prêtre : « Rien... Personne », murmure Liszt. Toute la journée il est calme. A un moment, on l'entend balbutier : « Tristan... » Au soir, Cosima s'enquiert s'il souffre. « Plus... », dit-il dans un souffle. Et au milieu de la nuit, il a rendu doucement le dernier soupir.

Les funérailles

Ainsi qu'il l'a demandé, ses obsèques seront très simples, sans musique. Pas un enterrement de pauvre comme il l'eût désiré. Mais c'est bien un pauvre qui vient de mourir : Liszt laissait, pour tout bien, sa soutane, quelques chemises et sept mouchoirs.

C'est au cimetière de Bayreuth qu'il repose.

99

Liszt et le piano

ue Liszt ait créé la technique moderne du piano, c'est
là une vérité historique qui n'est discutée par personne, encore que la musicographie soit généralement
assez peu abondante sur ce point qui a une importance capitale. Il convient également d'observer en cette occasion que l'immense production pianistique de Liszt est très
incomplètement connue du public, et fort misérablement ex-
ploitée par les interprètes. A part quelques morceaux de bravoure, toujours les mêmes, l'ensemble de cette production,
qui n'est certes pas sans déchets, est très injustement négligée.

Cela est aussi fâcheux qu'inexplicable dans un pays comme
la France : l'œuvre pianistique de Liszt est la partie la plus
essentiellement française de sa production. Liszt est avant
tout un artiste cosmopolite, à la fois hongrois, français, allemand, et italien. Cela dit, il est évident que, mises à part
certaines œuvres de caractère typiquement folklorique telles
que les *Rapsodies hongroises*, la plupart de ses compositions
pour piano appartiennent au style romantique français. Sans
doute, sur le plan de la technique de clavier, a-t-il largement

« *Une matinée chez Liszt* » *(de g. à d. : Berlioz, Czerny,
Liszt et le violoniste Ernst, par Kriehuber, 1846).*

bénéficié des suggestions d'un Bach ou des dernières sonates de Beethoven, mais, dans l'ensemble, sa conception est plus proche du libre génie français que du systématisme classique qui demeure au sein des œuvres allemandes même les plus romantiques.

Dans cette gigantesque production pianistique – où certaines compositions ont connu plusieurs versions très différentes – nous voyons se refléter les trois aspects essentiels de Liszt dans son attitude vis-à-vis des problèmes du clavier. D'abord le technicien transcendant grâce auquel les possibilités de l'instrument et les facultés de l'instrumentiste ont été littéralement décuplées (et cela est sensible même si l'on établit une comparaison avec Chopin, voire avec certaines pages volontairement spécialisées de Schumann). Ensuite le musicien romantique, créateur de la libre musique à programme, cousin germain de ces impressionnistes qui se sont manifestés tout au long de l'histoire de la musique française (et l'on a déjà remarqué que toute une partie de son œuvre pianistique est une sorte de galop d'essai précédant la création du poème symphonique). Enfin le compositeur de musique pure – spécialité peu lisztienne en général – avec des œuvres comme la sonate ou les deux concertos. C'est dire que la production pianistique peut arriver à résumer assez complètement la totalité de l'univers lisztien.

Pour clarifier les choses, cette production peut être ordonnée en cinq grandes rubriques :
1. Les études ou exercices
2. Les transcriptions et paraphrases
3. Les œuvres de caractère purement folklorique
4. Les œuvres de création originale dans le domaine de la musique à programme ou assimilée
5. Les œuvres de création originale dans le domaine de la musique pure ou assimilée.

Parlant de cette musique pianistique de Liszt, Saint-Saëns (qui a, par ailleurs, proféré tant de bêtises esthétiques) écrit très justement que notre musicien avait eu une influence plus grande, dans le domaine du piano, que Paganini dans celui du violon, bien que cela puisse sembler apparemment paradoxal : « Paganini est resté dans l'inaccessible où lui seul pouvait vivre, tandis que Liszt, parti du même point, a daigné descendre dans les régions praticables où peut le suivre quiconque veut prendre la peine de travailler sérieusement. » Et c'est encore Saint-Saëns qui fait cette observation parfaitement exacte : « A l'encontre de Beethoven méprisant les fatalités de la physiologie et imposant aux doigts contrariés et surmenés sa volonté tyrannique, Liszt les prend et les exerce dans leur nature, de manière à obtenir, sans les violenter, le maximum d'effet qu'ils sont susceptibles de produire. Aussi sa musique, effrayante à première vue pour les timides, est-elle, en réalité, moins difficile qu'elle ne paraît. »

Il était évidemment aisé à un virtuose tel que Saint-Saëns, qui avait « travaillé sérieusement » (et qui était sérieusement doué...) d'adopter un tel point de vue. Mais il est de fait que la technique de Liszt est une technique naturelle, on veut dire tenant compte des possibilités physiques naturelles de la main.

Ce qui est intéressant et original dans l'apport de Liszt, c'est la façon dont il a développé à l'extrême ces possibilités naturelles, dont il leur a donné leur plus complète exaltation, leur puissance totale. Il n'est pas un révolutionnaire de la technique de clavier, mais il est un novateur génial par la manière dont il a multiplié la richesse des effets pianistiques, tant dans l'ordre purement sonore, que dans le domaine de la mécanique, de la rythmique et de la dynamique. Liszt, on le sait, n'a jamais été un homme de théâtre ; le seul opéra qu'il ait tenté d'écrire – tout enfant, il est vrai – n'annonce nullement un don particulier à cet égard. Mais la façon dont, tout au long de sa vie, il traite le piano, est celle d'un grand dramaturge du clavier. Le piano de Liszt est un piano dramatique. Et c'est pour se hausser aux exigences de ce dramatisme dynamique et expressif qu'il a été amené à inventer cette prodigieuse et originale technique qui, tout en se montrant héritière des trouvailles du dernier Beethoven et de Weber, n'en est pas moins entièrement neuve, avec ses richesses de sonorités inconnues jusque-là, avec ces effets de thèmes en accords, ces doublures, ces doubles notes, ces effets d'octaves si personnels, cette large tessiture que sa musique prend avec ampleur sur le clavier, cette complexe polyphonie d'une somptuosité quasi orchestrale, cette contexture si serrée et si dense. Sauts à grands intervalles, pizzicati, glissandi, trémolos, traits fulgurants en doubles notes, trilles dans l'aigu à l'imitation du cymbalum, jeu de mains entrelacées ou superposées, et cette habitude de faire chanter puissamment une voix intermédiaire au moyen des deux pouces alternés, etc. tout cela est entièrement nouveau, transforme la physionomie du piano et par conséquent de la musique de piano, et ouvre la porte à toutes les grandes innovations, à toutes les réalisations qui vont suivre dans la musique moderne de clavier chez un Albeniz, un Debussy, un Stravinsky, un Prokofieff, un Bartok, ou un Schönberg. Avec Liszt, on assiste à une totale libération des techniques de piano, et cela pour la raison en apparence paradoxale que, sauf cas particulier, il ne fait pas de la technique pour la technique, mais de la technique pour la musique. C'est d'ailleurs pourquoi, jusqu'au début du XXe siècle, les professeurs – traditionnels ainsi qu'ils l'étaient presque tous – tinrent toujours Liszt en suspicion (un homme comme le grand Marmontel a été particulièrement incompréhensif à cet égard). Liszt bousculait trop leurs habitudes. Une telle amplification de la musique par la libération de la technique leur faisait tourner la tête, donnait un vertige désagréable à leur petite routine.

Nous verrons d'ailleurs que si, au nom de la musique, Liszt a été un tel libérateur dans le domaine de la mécanique instrumentale, il l'a également été dans celui de la forme, tenant avant tout à mettre celle-ci au service de l'idée, à trouver le moyen formel exclusivement susceptible d'exprimer la pensée, cela au mépris de tout schéma d'école. La grandeur de Liszt est surtout de s'être toujours refusé à de tels schémas pour inventer, tant sur le plan sonore que sur le plan architectonique, les moyens adéquats à la traduction de sa pensée. En quoi il a ouvert tout grand la porte aux mouvements de libéralisme esthétique qui ont caractérisé l'évolution de la musique moderne.

On ne peut entrer ici dans les arides détails que supposerait un examen de la technique pianistique de Liszt. Force nous est de demeurer sur ces généralités.

Nous voudrions cependant attirer l'attention sur quelques points particuliers que l'on a trop tendance à perdre de vue. Nous avons dit plus haut qu'il n'était pas absolument un révolutionnaire dans le domaine de la technique de clavier, mais plus exactement un novateur génial. Il ne semble pas, en effet, que Liszt ait voulu rompre avec les traditions essentielles de ceux qui l'avaient précédé, en particulier Beethoven. Mais les nouveautés qu'il introduit avec une audace tranquille et souveraine dans le jeu de piano frisent la révolution. Nous avons dit aussi que, sur le plan de l'expression, il se manifestait comme un dramaturge du clavier. Mais il convient d'ajouter également que sur le plan purement technique, il se manifeste comme un symphoniste du clavier. Pour le piano, il écrit à l'intention de la salle de concert moderne avant même que celle-ci ne soit née, la salle qui contient quelques centaines, voire quelques milliers d'auditeurs : avec un véritable génie des doigtés (des doigtés possibles, mais non toujours aisés à l'époque) il a créé ce style de piano orchestral qui est une des caractéristiques (pas toujours absolument heureuse d'ailleurs) du jeu pianistique moderne, style qui donne à l'instrument toutes les proportions et toutes les répercussions sonores qu'il comporte.

Liszt crée une nouvelle conception physique et corporelle de la pianistique. Alors que chez Czerny, voire dans les « Études » de Chopin, on reste encore rattaché dans une certaine mesure à l'égalité clavecinistique, au jeu de main relativement près du clavier, Liszt bouleverse tout. Avec lui, on joue du coude, de l'épaule, du buste (et par la suite, l'interprétation de Chopin s'en trouvera enrichie, car si celui-ci avait vu loin musicalement, il n'avait pas toujours vu aussi clairement loin sur le plan physique du jeu de clavier). Avec Liszt on rencontre des combinaisons toutes nouvelles, que Scarlatti avait peut-être entrevues, mais que seul notre musicien réalisera pleinement avec ses grands sauts d'accords sillonnant le clavier, et qui ont tout autant étonné les auditeurs du temps que les blocs de notes qu'un Boulez arrache aujourd'hui de son instrument. Dans le domaine de l'emploi de la pédale, il fait preuve d'une audace insensée pour l'époque, d'une audace allant à l'encontre de toutes les règles harmoniques du temps et annonçant la richesse de palette sonore de ceux que l'on appellera au début du XXe siècle les « impressionnistes » français.

Il y a aussi chez lui cette sorte de registration de la musique de piano qui consiste à confier de grandes basses harmoniques moelleuses à la main gauche, des ornements éblouissants aux traits véloces de la main droite, et le chant aux pouces des deux mains dans le medium du piano (cette façon de confier le chant aux pouces — alternés ou non — lui est très familière, et il lui arrive même de l'imposer, quand il le peut, à la musique d'autres compositeurs, par exemple dans le finale de la « Sonate en si mineur » de. Chopin). Enfin, on ne peut que signaler rapidement certaines formules de virtuosité qui, à l'époque, stupéfièrent par leur hardiesse : glissandi vertigineux de tierces et de sixtes comme dans la transcription de la « Symphonie fantastique » de Berlioz, longs trilles de caractère harmonique dans l'aigu du clavier, mains croisées, mains entrelacées, etc..., toutes choses qui, en ce temps étaient d'une extrême audace et paraissaient même extravagantes, bousculant comme elles le faisaient les traditions du piano académique.

Nous voudrions également proposer un rapide survol des différentes catégories pianistiques, proposées ci-dessus, en les faisant suivre de l'analyse sommaire de l'une des pages les plus significatives de cette production, la *Sonate en si mineur*.

Ainsi que nous l'avons vu dans sa biographie, nous sommes ici en présence de deux séries d'œuvres. La première consiste en une adaptation pour le clavier de six *Caprices* violonistiques de Paganini. C'est dans ce recueil que figure la très célèbre *Campanella*. L'esprit de rivalité qui animait alors Liszt à l'égard du « violoniste infernal » fait que ces *Études* témoignent d'une hardiesse prodigieuse, d'une nouveauté incroyable pour l'époque dans la technique instrumentale. Toutes les trouvailles de l'écriture pianistique lisztienne sont déjà là, dans ces *Études* qui, d'ailleurs, ne constituent pas seulement des chefs-d'œuvre d'acrobatie, mais sont nourries de la plus puissante et de la plus haute inspiration (bien que Schumann, qui avait aussi écrit des *Études*, les ait traitées un peu cavalièrement).

Dans leur ensemble, elles revêtent deux aspects principaux : d'une part celles qui semblent vouloir reproduire au clavier les effets caractéristiques du violon, et d'autre part celles où, poussé par une audace et une invention magnifiques, Liszt s'attache à démontrer en quelque sorte que les ressources du piano surpassent celles du violon.

La seconde série est constituée par les *Études d'exécution transcendante* qui sont, elles, entièrement de Liszt, et non plus composées d'après des motifs empruntés. Dans ces *Études* aussi, qui demeurent probablement le point le plus élevé de la technique de clavier, on voit apparaître l'artiste romantique, nourri de littérature et de poésie. C'est là le premier état de l'embryon d'où sortira, après les autres œuvres pour piano, le feu d'artifice de la musique à programme dont Liszt sera un des héros. Ces *Études* portent des titres, car elles ont effectivement un programme, et lui ont été inspirées, quant à leur contenu poétique, soit par ses impressions propres, soit par des ouvrages littéraires : elles s'intitulent par exemple *Harmonie du soir* qui est l'une des plus profondément poétiques, ou *Paysage*, d'un charme simple, *Feux follets*, l'une des plus célèbres par l'étincellement de son écriture, ou *Mazeppa*, véritable drame dont il tirera plus tard le poème symphonique du même nom.

Liszt au piano, par Danhauser, 1840 (de g. à d. : A. Dumas, Victor Hugo, George Sand, Paganini, Rossini, Liszt et Madame d'Agoult ; sur le piano : buste de Beethoven, derrière Rossini : Byron.

LES TRANSCRIPTIONS ET PARAPHRASES

Là encore le souci de la plus haute virtuosité préside à ces pages dont il faut bien dire que la plupart d'entre elles ne peuvent pas sérieusement être considérées comme parmi les meilleures que Liszt nous a laissées. Il s'en trouve de deux sortes. Tout d'abord les transcriptions de lieder – Schubert, Beethoven, Schumann, Mendelssohn, etc. – et les paraphrases d'opéras – *Lucia di Lammermoor, Robert le Diable, Don Juan, Rigoletto,* ainsi que d'une infinité d'ouvrages moins célèbres.

Si elles sont intéressantes du point de vue technique, ingénieuses, amusantes même en ce sens, elles n'ont pas les mêmes qualités sur le plan strictement musical. Ce sont souvent des sacrifices au goût — on dirait plus exactement au mauvais goût — d'un temps où on aimait ce genre de fantaisies brillantes sur des airs à la mode. Elles sont même parfois injustifiables musicalement, surtout en ce qui concerne les transcriptions de lieder, dans lesquelles Liszt prend d'extrêmes libertés vis-à-vis des textes originaux, et où, sous prétexte de suppléer à l'absence de paroles, il introduit mille ornements, fioritures, cadences brillantes et acrobatiques destinées à mettre en valeur les qualités techniques de l'exécutant et à apporter une diversité fort discutable au traitement des idées musicales. Ces variantes — conçues non pas dans l'esprit de la variation ainsi qu'on l'a prétendu à tort, mais seulement dans l'esprit de l'ornementation — trahissent souvent le caractère profond des œuvres originales.

« *Galop chromatique exécuté par le Diable de l'harmonie* »
(*caricature de Lablache et Haberneck, 1843*).

D'autre part, en ce qui concerne les transcriptions d'opéras, on frémit un peu en pensant à l'état d'esprit du pianiste qui, après un concert consacré à des sonates de Beethoven, exécute en « bis », au milieu du délire général, une fantaisie sur un air de Meyerbeer...

Dans le même chapitre, nous trouvons ensuite les transcriptions d'œuvres d'orgue et d'orchestre. Ici, nous sommes dans un domaine infiniment plus sérieux du point de vue musical. Les transcriptions des *Préludes et fugues* pour orgue de J.-S. Bach sont très belles, effectuées avec un constant souci de fidélité à la pensée du Cantor, et ont l'avantage inappréciable de mettre ces chefs-d'œuvre incomparables à la portée des pianistes.

Les transcriptions des œuvres d'orchestre ont le grave inconvénient d'être souvent d'une difficulté d'exécution vraiment insurmontable. Ainsi en est-il en particulier de celle des neuf symphonies de Beethoven, de la « Symphonie fantastique » et de « Harold en Italie » de Berlioz que Liszt fut probablement le seul à pouvoir jouer en concert. Mais la traduction pianistique est ici d'une extraordinaire richesse sonore, elle est presque symphonique, et l'impression des détails d'orchestre est constante, tant Liszt y déploie d'adresse et d'ingéniosité.

Tout cela fait de ces transcriptions des documents du plus passionnant intérêt. Et là encore les possibilités techniques du clavier s'en trouvent accrues.

Hâtons-nous d'ajouter que les œuvres de cette catégorie ne se bornent tout de même pas à ce simple intérêt mécanique et dynamique. Il est devenu de bon ton de traiter ces transcriptions et paraphrases avec beaucoup de mépris sous l'angle musical. Il en est certes qui ne se refusent aucun des défauts de l'époque, et il en est ici comme dans certaines des *Études* auxquelles Schumann adressait la juste critique suivante, lui qui savait parfaitement par expérience personnelle ce que sont des « études transcendantes » ; il écrivait : « Si nous examinons rigoureusement plus d'une page de ces recueils, il est indubitable que la substance musicale qui en est la base n'est souvent d'aucune proportion avec les difficultés mécaniques. Mais ici le titre d'*Études* prend bien des choses sous sa protection ; il s'agit de vous exercer à n'importe quel prix. » On pourrait paraphraser cette dernière phrase et dire pour les recueils qui nous occupent ici : « Il s'agit de briller à n'importe quel prix. »

Cela dit, n'exagérons tout de même pas. Si la plupart des paraphrases sur des opéras italiens sont tombées en désuétude (ce qui est très injuste pour beaucoup d'entre elles), c'est souvent parce que ces opéras eux-mêmes étaient tombés en désuétude, étaient considérés comme extrêmement vieillots et démodés. Mais aujourd'hui que de grands chanteurs italiens tels que la Callas, ou la Tebaldi, ou Di Stefano et quelques autres ont remis ce répertoire à la mode, maintenant qu'il n'est plus considéré comme ridicule d'aller entendre « La Norma » ou « Lucia di Lammermoor », ces transcriptions et paraphrases semblent en passe d'être jugées avec beaucoup moins de sévérité. Quelques jeunes pianistes ne craignent pas de les inscrire à leur répertoire, et un certain nombre d'entre eux en ont déjà réalisé des disques fort distrayants et montrant combien était grande l'injustice de leurs aînés.

En traitant avec mépris toute cette partie de la production de Liszt, on a souvent mis en avant l'argument consistant à dire que ce n'était là qu'amusette alimentaire, assez fortuite dans cette production, et que, somme toute, la part créatrice de Liszt y est à peu près inexistante. Ceci n'est pas exact. D'une part, cette « amusette » se reproduit assez constamment dans le courant de la vie de Liszt, et si c'est surtout la période 1830-1845 qui est la plus féconde en ce domaine, il ne faut pas oublier que jusqu'aux environs de 1880 nous verrons Liszt faire des paraphrases de Meyerbeer, de Gounod, ou de Tchaïkovsky. Et en second lieu, Wagner lui-même — qui n'avait pas une tendresse particulière pour ce genre d'exercice — reconnaissait cependant que la part créatrice de Liszt était indiscutable, là comme ailleurs : « Cet homme merveilleux, écrivait-il, ne peut rien faire sans se révéler, sans se livrer tout entier ; jamais il ne peut se borner à reproduire ; il n'est point d'autre activité possible pour lui que celle qui produit ; tout en lui tend à la création pure. » Ce sont là des affirmations aisément vérifiables : de remarquables analyses faites par André Schaeffner des *Réminiscences de Lucia di Lammermoor* et des *Réminiscences de La Norma* le prouvent surabondamment. Pour le premier morceau, qui est évidemment une des plus belles pièces de Liszt, il est montré que tout semble être de lui, et que cependant pas une note, pas une harmonie, pas un accent ne sont de lui. Tout est transcrit fidèlement du sextuor du deuxième acte. Liszt n'a fait qu'enrichir les arabesques de l'accompagnement au lieu de conserver les monotones arpèges de Donizetti. Ces arabesques de triples croches sont coupées de trilles qui, à l'intérieur de la stricte harmonie de Donizetti, font naître une dissonance nouvelle qui suffit à modifier profondément le caractère du morceau et à lui donner une physionomie typiquement lisztienne. Et André Schaeffner observe : « Précieuse leçon, puisqu'elle nous prouve à combien peu de chose tient l'individualité d'un art, sur quelle étroite base technique repose celle-ci, et qu'elle nous montre tout ce qui mélodiquement et même harmoniquement se retrouvait en commun chez Donizetti et chez Liszt. » Et il attire l'attention sur un passage de la même œuvre où, dans une cadence en mi bémol mineur, Donizetti et Liszt retardent de même façon ces mesures avec les mêmes demi-tons chromatiques, et les mêmes broderies ; une agrégation *mi bémol – fa – la bémol – mi bémol* (avec *si bémol* dans l'arpège de la main droite) annonçait ce passage avec sa sonorité éminemment lisztienne et même tristanesque, tout en demeurant l'harmonie voulue par Donizetti, mais avec cette différence subtile qu'au piano elle se ramasse dans un grave, propice à son singulier appel de septième mineure doublée à l'octave, et de quinte à vide.

On pourrait multiplier de tels exemples. Et ce serait peut-être un jour tout un travail à entreprendre, non pas seulement par pur intérêt théorique, mais surtout pour rassurer les pianistes inquiets qui n'osent pas « afficher » ces pièces ; tout en les mettant prodigieusement en valeur, elles ne les déshonoreraient nullement.

Ces pièces ne requièrent pas de commentaires particulièrement poussés. Mais étant donné ce que Liszt lui-même en a dit, étant donné le petit malentendu existant à leur sujet, une petite mise au point n'est pas inutile.

Dans son ouvrage *Des Bohémiens et de leur musique en Hongrie* voici ce qu'écrit Liszt : *J'ai voulu donner une sorte d'épopée nationale de la musique bohémienne... Par le mot « rapsodie » nous avons voulu désigner l'élément fantastiquement épique que nous avons cru y reconnaître. Chacune de ces productions nous a toujours paru faire partie d'un cycle poétique. Ces fragments ne narrent point de faits, il est vrai : mais les oreilles qui savent entendre y surprendront l'expression de certains des états de l'âme dans lesquels se résume l'idéal d'une nation... Nous avons appelé ces rapsodies « hongroises » parce qu'il n'eût pas été juste de séparer dans l'avenir ce qui ne l'avait point été dans le passé. Les Magyars ont adopté les Bohémiens pour leurs musiciens nationaux... S'il a fallu des chantres aux uns, les autres n'eussent pu se passer d'auditeurs. La Hongrie peut donc à bon droit réclamer comme sien cet art nourri de son blé et de ses vignes, mûri à son soleil et à son ombre (...), si bien enlacé à ses mœurs qu'il se lie aux plus glorieuses mémoires de la patrie, comme aux plus intimes souvenirs de chaque Hongrois.*

En vérité, ces *Rapsodies* ne sont nullement hongroises, mais proprement tziganes, de même que les célèbres « Danses » de Brahms. Mais cela Liszt l'ignorait. A son époque, la véritable musique magyare authentique s'était presque entièrement perdue ; du moins ne subsistait-elle que dans le fond de certaines campagnes. C'est du moins ce qu'au début du XXe siècle deux musiciens tels que Bela Bartok et Zoltan Kodaly viendront nous prouver en exhumant ces mélodies et ces rythmes authentiquement hongrois, et dont les séductions sont profondément différentes de celles de la musique tzigane dont Liszt a exclusivement nourri ses *Rapsodies* et le style instrumental de celles-ci.

Notons, pour être exact, que tout hungarisme n'est pas absolument banni de la musique tzigane : en particulier, elle fait souvent appel à la gamme pentatonique hongroise, dans la mesure où les Tziganes assimilent en partie certains particularismes des pays dans lesquels ils vivent. Mais c'est tout. Et si les intervalles sont semblables à ceux de la musique hongroise d'origine magyare, on n'y retrouve ni ses mélodies, ni ses rythmes, ni surtout son style instrumental qui est essentiellement sobre, ce qui est loin d'être le cas de la musique tzigane.

Cela dit, les *Rapsodies hongroises* de Liszt constituent un nouveau feu d'artifice pianistique, d'une difficulté d'interprétation très particulière, d'ailleurs, en raison de leur caractère directement ethnique. Et elles ont l'intérêt d'enrichir la technique de clavier de toute une série d'effets sonores empruntés aux instruments typiques tziganes : le violon et le cymbalum.

LES ŒUVRES DE CREATION ORIGINALE (MUSIQUE A PROGRAMME)

C'est là la part la plus importante et la plus intéressante de l'œuvre pianistique de Liszt. Au premier rang de cette catégorie, il faut citer les trois grands cahiers d'*Années de pèlerinage*, les *Harmonies poétiques et religieuses*, les deux *Légendes*, les *Consolations*, les *Ballades*, les *Polonaises*, les *Variations sur Weinen...*, et même éventuellement des pièces comme le *Grand galop chromatique*.

Les trois cahiers des *Années de pèlerinage* (titre infiniment plus beau que celui primitivement choisi, d'*Album d'un voyageur*) se composent d'une trentaine de pièces de forme tout à fait libre, d'importance très diverse, et de caractère également très différent, tantôt lyriques, tantôt à programme, de sujets variés aussi suivant qu'elles s'inspirent de la nature, de l'humanité, ou des arts. On a vu, au cours de la partie biographique, dans quelles circonstances ces pièces ont été composées, soit au début, soit à la fin de la carrière de Liszt.

On y entend les grandes voix de la nature (*Au lac de Wallenstadt, Pastorale, Au bord d'une source, Orage, Eglogue, Les cloches de Genève, Au cyprès de la Villa d'Este, Les jeux d'eau de la Villa d'Este*, ou les pièces supplémentaires du

Manuscrit extrait des Albums d'esquisses composées en 1875.

petit cahier vénitien et napolitain), on y voit défiler les héros de l'histoire ou de l'art *(La chapelle de Guillaume Tell, La vallée d'Obermann, Spozalizio* – inspiré par le tableau de Raphaël à la Brera –, *Il penseroso* — hommage au Michel-Ange de la statue de Giuliano de Médicis à Florence –, *Canzonetta del Salvator Rosa*, les trois *Sonnets de Pétrarque, Après une lecture de Dante, Marche funèbre* – méditation à la mémoire de Maximilien Ier, empereur du Mexique). Certaines autres pièces, sans être absolument à programme, et sans être non plus complètement abstraites, mais en un certain sens impressionnistes : *Le mal du pays, Angelus, Sunt lacrymae rerum, Sursum corda*, et même *Lyon*.

Naturellement, dans tout cela, à la manière romantique, Liszt se met tout entier. C'est là de la musique essentiellement poétique, écrite au gré de la fantaisie du compositeur-poète, et dépourvue de tout plan préconçu. Ainsi qu'on l'a déjà dit, c'est ici, dans l'art de Liszt, le dernier stade avant l'extension de cet art au poème symphonique.

Ce n'est pas sans profit que l'on peut, sur ce chapitre, donner la parole à l'auteur lui-même : *Ayant parcouru ces derniers temps bien des pays nouveaux, bien des sites divers, bien des lieux consacrés par l'histoire et la poésie ; ayant senti que les aspects variés de la nature et les scènes qui s'y rattachent ne passaient pas devant mes yeux comme de vaines images, mais qu'elles remuaient dans mon âme des émotions profondes ; qu'il s'établissait entre elles et moi une relation vague mais immédiate, un rapport indéfini mais réel, une communication inexplicable mais certaine, j'ai essayé de rendre en musique quelques-unes de mes sensations les plus fortes, de mes plus vives perceptions... A mesure que la musique instrumentale progresse, se développe, se dégage des premières entraves, elle tend à s'empreindre de cette idéalité qui a marqué la perfection des arts plastiques, à devenir non plus une simple combinaison de sons, mais un langage poétique plus apte peut-être que la poésie elle-même à exprimer tout ce qui, en nous, franchit les horizons accoutumés, tout ce qui échappe à l'analyse, tout ce qui s'attache à des profondeurs inaccessibles, désirs impérissables, pressentiments infinis. C'est dans cette conviction et cette ten-*

dance que j'ai entrepris l'œuvre publiée aujourd'hui, m'adressant à quelques-uns plutôt qu'à la foule ; ambitionnant non le succès mais le suffrage du petit nombre de ceux qui conçoivent pour l'art une destination autre que celle d'amuser les heures vaines, et lui demandent autre chose que la futile distraction d'un amusement passager.

Ces lignes sont extraites de l'avant-propos de la première édition des *Années de pèlerinage* à Paris en 1841 ; c'est là, semble-t-il, en dépit de quelques tournures qui datent un peu, l'un des plus beaux textes existant sur le romantisme musical. Cette attitude romantique, qui consiste à voir le monde à travers son propre prisme, est bien caractérisée par l'épigraphe choisie par Liszt pour l'un de ces morceaux, *Les Cloches de Genève* :

« I live not in myself, but I become
Portion of that around me. » (Byron, *Child Harold*)

« Je ne vis pas en moi-même, mais je deviens une part de ce qui m'entoure. » C'est tout le principe des *Années de pèlerinage*.

Il faut noter enfin que dans beaucoup de ces pièces, Liszt ne se contente pas toujours de chercher à peindre ses propres sentiments, mais parfois aussi, à travers ceux-ci, les sentiments de quelqu'un d'autre, Senancour, Byron etc., ce qui suffit à justifier le titre d'*Années de pèlerinage*, pèlerinage aux lieux où d'autres ont souffert, aimé.

A cette même veine des *Années de pèlerinage* se rattachent les deux *Légendes* : *Saint François de Paule marchant sur les flots*, et *Saint François d'Assise prêchant aux oiseaux*, toutes deux non plus seulement impressionnistes, mais parfois presque descriptives.

Les *Années de pèlerinage* — très rarement jouées dans leur intégralité, et dont seules les pièces de virtuosité brillante ont la faveur des pianistes — constituent un des monuments les plus remarquables de la littérature romantique pour le clavier.

Les *Consolations* forment un petit recueil de pièces brèves — assez faciles d'exécution — qui, elles, au contraire, ne paraissent pas avoir un programme défini, bien qu'elles soient inspirées par quelques-uns des poèmes du recueil de Sainte-Beuve qui porte le même titre. Elles se rapprochent plutôt de la confidence intime de style schumannien. Très injustement négligées elles aussi, ces *Consolations* sont parmi les pages les plus touchantes que nous laisse le musicien.

Les *Variations* possèdent deux versions, une pour orgue et une pour piano. Elles prennent pour prétexte un thème que Bach a traité dans une de ses cantates — *Weinen, Klagen, Sorgen* : Pleurer, gémir, craindre — et avaient été écrites à l'occasion de l'inauguration d'un monument Bach. Ainsi que l'observe Alfred Cortot, le Cantor avait traité ce thème romantique et douloureux en protestant, tandis que Liszt « trouve ici l'expression du catholicisme et de la pompe catholique. La vision des choses de la religion est plus fétichiste qu'elle ne l'est chez Bach. On y sent aussi l'influence dantesque... Les trois paroles douloureuses servent Liszt non seulement au point de vue de la coloration musicale, mais lui permettent d'établir une coupe, une progression. Le choral « Tout ce que Dieu a fait est bien fait », qui intervient à l'instant le plus douloureux, comme pour nous délivrer de la rude et terrible emprise, et nous montrer la lumière, est un thème protestant aussi employé par Bach dans la même cantate... Quel sentiment de consolation et de glorification ce thème n'apporte-t-il pas, après l'attente éperdue, la terreur, les sensations de fatalité et de menace sous lesquels nous avons été accablés ! »

LES ŒUVRES DE LA CRÉATION ORIGINALE (MUSIQUE PURE).

En ce domaine, la grande réalisation originale de Liszt est la *Sonate pour piano* en si mineur, sonate dédiée « à Robert Schumann ». Le manifeste publié par Liszt à propos de la publication des *Poèmes symphoniques* apportait, peu avant la parution de la sonate, des principes extrêmement révolutionnaires pour l'époque. Cette sonate est une révolution d'un autre ordre. A l'opposé de la musique à programme, elle n'est que musique pure. Mais c'est dans le domaine de la forme, et dans la façon de traiter une forme classique suivant une conception tout à fait nouvelle, qu'elle apporte quelque chose de révolutionnaire.

Au premier abord, elle semble rompre, en effet, complètement avec ce que Beethoven lui-même avait conçu de plus avancé en la matière. Et c'est la raison pour laquelle, aux yeux de nombreux musicographes et musiciens, la sonate de Liszt a longtemps gardé une physionomie exceptionnelle et inquiétante ; jusqu'au début du XXe siècle, on verra des théoriciens tels que Vincent d'Indy et Blanche Selva traiter ce chef-d'œuvre avec un mépris dégoûté comme n'entrant pas dans le cadre classique de ce genre traditionnel et solidement catalogué. Et cependant Liszt n'avait jamais fait autre chose que donner une impulsion évolutive nouvelle à une forme qui, depuis cent ans déjà, avait sans cesse été dans un perpétuel état d'évolution !

C'est la plus haute réalisation pianistique de Liszt, et il lui arrive parfois même d'excéder les limites normales de l'instrument. Bien que tout à fait différente de propos, la sonate vient dans la lancée des *Poèmes symphoniques* dont elle affecte la liberté de forme, dont elle a l'ampleur et la grandeur orchestrales, et dont elle reflète l'essentiel souci qui restera toujours celui de Liszt : ne pas s'en remettre à un cadre formel préétabli, mais au contraire chercher la forme spéciale convenant à telle pensée musicale. C'est en ce sens que Rietsch a pu écrire avec juste raison que, grâce au poème symphonique, la sonate se libère par la fusion de ses divers mouvements en un tout.

D'autre part, cette œuvre est probablement le sommet de ce dramatisme que Liszt a su donner à sa musique pour piano, dramatisme que n'atteignent même pas les *Variations sur « Weinen... »*, lesquelles sont cependant assez saisissantes à cet égard.

Ce qui a le plus souvent frappé et choqué, c'est le fait que cette sonate se présente en un seul mouvement, un seul grand mouvement de vingt-cinq minutes. On n'y trouve pas les trois ou quatre morceaux traditionnels ainsi que chez Haydn, Mozart, ou Beethoven, schéma repris par Schubert, Schumann, ou Brahms. Dans l'organisation de ce mouvement unique qui se veut d'un seul jet, on ne retrouve même pas l'organisation classique et symétrique qui fait se succéder d'ordinaire *exposition-développement-réexposition*. Et de même, on n'y remarque pas l'ordonnance tonale qui règne chez Beethoven, même dans ses moments de plus grande liberté.

Mais en vérité, malgré la nouveauté de cette physionomie, elle ne rompt pas complètement avec le passé. Grâce à son travail thématique et à la distribution de ses thèmes, elle s'articule selon un certain « cyclisme » qui n'a certes rien du rigoureux principe cyclique illustré peu après par César Franck et développé jusqu'à la manie par un certain nombre de ses successeurs, mais que cependant annonçaient déjà les dernières sonates de Beethoven. Par ailleurs, il est facile d'observer que la sonate de Liszt s'apparente à ces dernières sur un autre plan : celui de la conception psychologique de l'œuvre, et cela n'aurait pas dû échapper à tous ceux qui l'ont dénigrée avec autant d'acharnement stupide. Beethoven avait, en effet, utilisé le principe bithématique de la sonate classique dans l'esprit d'un dialogue ou d'une lutte dramatiques. C'est ce même esprit que va consacrer Liszt en l'exploitant avec une totale liberté.

Deux des éléments antagonistes apparaissent dès le début de l'œuvre. Celle-ci commence par un *Lento* de sept mesures. *Lento* introductif dans le caractère d'une sombre méditation qui est construite sur la gamme hongroise descendante :

Ce *Lento* amène un *Allegro energico* où les deux thèmes principaux sont exposés immédiatement et successivement. Le premier, violent, volontaire, abrupt :

puis le second se présente sans transition ; il est brusque, sarcastique :

Un violent combat de ces deux thèmes s'engage aussitôt après un grand silence, ce qui produit un saisissant contraste avec la façon dont ils ont été exposés. C'est un combat sans merci, un combat de fauves, en un développement où la victoire ne se décide ni pour l'un, ni pour l'autre, l'un et l'autre conservant tout au long leur agressivité. Cependant, c'est le premier thème qui reste maître de la place et qui s'impose en un fulgurant passage d'octaves staccato. Puis une sorte de coda grandiose et sombre termine ce début en faisant revenir le motif initial de la gamme hongroise descendante, mais ici harmonisée.

Cette coda amène à un épisode *Grandioso*, mouvement lent et ample, d'une grande solennité, qui est bâti sur un nouveau thème lyrique, très chaleureux, présenté sur une harmonie extrêmement nourrie :

Puis le premier thème refait son apparition, mais cette fois traité mélodiquement, *dolce con grazia*, orné d'arpèges. Il se déroule ainsi, moelleusement, jusqu'à ce qu'un retour du thème sarcastique vienne lui couper la parole. Mais soudain ce thème sarcastique lui-même va se transformer en un suave motif de nocturne qu'accompagnent des arpèges en triolets. Cette sorte de nocturne se développe assez longuement jusqu'à une cadence piano où fusent des trilles.

Puis le combat des deux premiers thèmes reprend avec vigueur, Liszt y déployant toutes ses ressources de contrapuntiste (augmentations, diminutions, renversement, mouvements contraires etc.). Nouveau développement dynamique et de haute virtuosité, violent et éclatant, que vient parfois traverser aussi la gamme descendante du début. Puis après un nouvel épisode d'octaves issus du premier thème, éclatent fugitivement mais avec puissance, en grands accords, le motif du *Grandioso*. Bref récitatif sur un dessin issu du premier thème. Redite des accords *Grandioso*. Nouveau récitatif. Et un épisode construit sur le thème sarcastique qui s'impose, incisif, tandis qu'il est largement survolé par le premier thème en accords. Ce qui amène un bref *Andante sostenuto* mélodique, de sentiment à la fois recueilli et attendri, lequel sert d'introduction à un *Quasi adagio* qui chante *dolcissimo con intimo sentimento* sur un motif issu du second thème. Après une courte cadence, le thème *Grandioso* réapparaît, traité cette fois de façon pathétique, et suit un nouveau développement, qui se termine sombrement par le retour de la gamme descendante initiale qui va mourir mystérieusement sur deux fa graves frappés comme par une timbale.

Soudain, c'est un *Allegro energico* fugué sur deux sujets qui ne sont autres que les deux thèmes principaux, et qui, se succédant dès la brusque exposition, sonnent comme un échange de répliques violentes, agressives, incisives. Ce développement fugué est d'une grande richesse d'invention en combinaisons de toutes sortes ; il fait aussi intervenir, dans une certaine mesure, la technique de la variation, et est animé au surplus par un extraordinaire dynamisme dramatique. Après un bref passage que traverse de façon menaçante la gamme descendante du début, le développement reprend, les deux premiers thèmes se heurtant avec force, s'affrontant, le premier en un passage d'octaves *precipitato*, le second en un unisson impérieux fortissimo. Le thème *Grandioso* revient, plus grandiose que jamais. Puis c'est à nouveau le passage de nocturne qui se reproduit avec des variantes, qui s'échauffe peu à peu pour aboutir à une *Stretta quasi presto* énergique, *con strepito*, bâtie sur le second thème. Sur un *Presto*, la gamme descendante du début passe de façon fulgurante. Sur un *Prestissimo fuocoso assai* crépite un dessin issu du premier thème qui ramène une nouvelle fois le motif du *Grandioso*. Après une grande montée soutenue d'un puissant trémolo de la main droite, silence subit, puis bref épisode *Andante sostenuto* avec son recueillement attendri. Un *Allegro moderato* de quelques mesures fait revenir le thème sarcastique, *sotto voce*, qui semble mystérieusement grincer au loin tandis que le survole une nouvelle fois, très aérien le premier thème devenu serein. Et l'œuvre conclut *Lento assai* sur la sombre descente de la gamme hongroise du début que viennent couronner des accords séraphiques dans l'aigu, tandis qu'un si grave, comme un coup de timbale assourdi, vient mettre le point final à cette extraordinaire épopée pianistique vraiment unique dans l'histoire des sons.

Liszt n'a composé qu'une sonate, mais voilà !... C'est l'œuvre d'un homme qui a fréquenté intimement « Faust » et « La divine comédie ».

La place nous fait ici défaut pour souligner tout ce que, à partir de cette sonate (plus que dans toute autre), Wagner doit à Liszt, sur le plan harmonique en particulier, et ce que le Ravel du « Gaspard de la Nuit », sur le plan pianistique, a appris dans Liszt.

Journal d'une élève

Fragments du journal tenu en 1832 par Valérie Boissier, une élève de Liszt.

... Il a joué une Étude de Moschelès. — Voulez-vous l'essayer ? Elle est d'un de mes amis, a-t-il dit avec grâce. Il l'a jouée délicieusement, avec un vague, une rêverie, une désinvolture, quelque chose d'inspiré, de doux, de tendre, d'imprévu, et de naïf dont l'ensemble était enchanteur...

Avant de faire commencer cette Étude à Valérie, il lui lut l'*Ode* de Hugo à Jenny ; il voulait lui faire comprendre par ce moyen l'esprit du morceau auquel il trouvait de l'analogie avec la poésie...

Il s'humilie profondément devant Weber et Beethoven. Il dit qu'il n'est pas encore digne de les jouer, et cependant il les joue en brûlant son piano. Il est si généreux et si bon que, voyant que je n'admirais pas Hertz, il me joua un morceau charmant sans me dire de qui il était et quand je l'eus aimé, il se fit un plaisir de nommer l'auteur, et cependant Hertz est son rival de gloire musicale. Abandon naturel et passion, voilà sa devise. Il y a de la bonne foi dans tout ce qu'il joue...

Liszt recherche évidemment toutes les émotions. Il visite les hôpitaux, les maisons de jeux, les maisons de fous. Il descend dans les cachots. Il a même vu des condamnés à mort. C'est un jeune homme qui pense beaucoup, qui rêve, qui creuse toutes choses. Il a le cerveau aussi exercé, aussi extraordinaire que les doigts, et s'il n'eût pas été un musicien habile, il eût été un philosophe, un littérateur distingué...

Liszt nous dit qu'il avait joué des années du piano, brillant dans les concerts et se croyant une merveille. Puis, un jour, ne pouvant pas cependant exprimer avec ses doigts tous les sentiments qui l'oppressaient, il avait fait son compte, il s'était examiné, passage par passage, et avait trouvé qu'il ne savait faire ni trilles, ni octaves, ni même lire certains accords. Dès lors il s'était remis à l'étude, aux gammes, et avait peu à peu entièrement changé son toucher...

Il trouve que les doigts ronds donnent un certain guindé qu'il déteste : il faut que tout soit libre, aisé, sans contrainte et sans effort. Ses expressions sont comme son toucher, naturels et sans prétention. Une âme passionnée, une âme de feu, mais naïve, simple, tendre, mobile, tantôt vouée au désespoir, puis à la tendresse, puis ballottée par l'amour, par la jalousie, puis lasse et abattue qui s'exhale en musique, voilà l'expression de Liszt. Je lui disais :

— Pour bien jouer, il vous faudrait un chagrin.

— Je ne suis plus capable d'en éprouver.

— Il vous faudrait donc de la colère.

— Les sentiments bas ne peuvent influer sur moi.

— Oui, votre musique est celle d'un honnête homme. Il me comprit et me remercia du regard...

Il est maintenant occupé à refaire son éducation, et malgré son inconcevable talent de musique, je ne le crois pas destiné à rester musicien et artiste. Les préjugés qui pèsent sur les artistes musiciens rongent son âme, et cette idée est pour lui un malheur ; il cherche à s'y soustraire. En outre, pourvu de rares facultés intellectuelles, il a le sentiment de ses forces, le goût de l'étude, et fera des pas de géant dans cette carrière parce qu'il a pris la bonne route. Déjà, à l'heure qu'il est, sa conversation est plus nourrie et trahit plus de connaissances que celle d'une foule d'hommes qui ont fait leurs études. Il cite à propos une foule de choses. Il a beaucoup lu, bien lu, et tout retenu. Il m'a dit qu'ayant longtemps feuilleté des livres sans fruit il s'était mis à lire autrement, à relire souvent ce qui le frappait, à comparer souvent des ouvrages entre eux et qu'enfin il croyait s'y prendre utilement. En littérature et en musique, c'est le même homme...

Il déclame les phrases de chant tout près du cœur, c'est la chose même, sans addition de prétention, de charlatanerie, de petits moyens pour faire effet ; il les a en horreur. Il dit la chose comme il la sent, avec vérité, sincérité, et sans recherche... Ses mains tombent mollement et flexueusement sur l'instrument, c'est là le secret de son jeu...

Nous arrivâmes chez Liszt à deux heures, et nous attendîmes quelques minutes. Je crois qu'il faisait sa toilette, car nous le trouvâmes plus élégamment vêtu que de coutume. Il y avait dans son air une nuance légère de fatuité, voilé par un fond de bonté, un peu de bonne amitié pour nous, et beaucoup de politesse. Il était pâle et paraissait ennobli, blasé, mais ses yeux étaient aussi lumineux qu'à l'ordinaire, et ce fut avec un véritable plaisir, peut-être un secret triomphe que peu à peu, sans se presser, il défila son petit chapelet et nous fit l'histoire de ses succès et de ses plaisirs mondains depuis la dernière leçon. Il avait été entendre la meilleure musique de tout Paris, il avait dîné avec des littérateurs, il avait passé des nuits au bal, suivi avec intérêt une jeune femme mariée depuis peu avec un homme âgé, et brillante de beauté et d'éclat. Ses beaux yeux napolitains l'avaient fasciné, de minuit à trois heures il les avait contemplés... Il mettait de la coquetterie à nous raconter tout cela ; et lentement, posément, sans s'agiter, sans se presser. Sa mère entra, et rompit l'entretien...

Le maître joue...

Extrait d'un article publié sous la signature de A. Guémer dans le premier numéro de la Gazette musicale paru le 5 janvier 1834.

« ... Nous avons à parler d'un homme chez qui l'exécution est tout, et comprend en elle seule tout le drame et le lyrisme, toute la poésie de l'artiste. On voit que je veux nommer Liszt. En effet, si Ferdinand Hiller nous fait connaître la science et la profondeur ornées du goût le plus soutenu ; si Bertini, l'inspiration avec la patience ; si Chopin, la plus exquise sensibilité rendue par des signes matériels, Liszt, glorieuse pyramide de ce triangle de talents, Liszt sera réellement et particulièrement le génie dans l'exécution. Plus que tout autre il offre l'exemple de la route qu'il faut suivre pour arriver à poétiser la forme : car Liszt n'est pas le résultat d'une méthode, ni le développement d'une étude spéciale. L'exercice peut enseigner la main à devancer sur le clavier la rapidité du coup d'œil ; la méthode, donner ces notes plus ou moins appuyées, ces réticences de temps et de mouvement, conventions ridicules d'une expression factice, procédés empiriques pour avoir ou mentir de l'âme ; mais cette conception profonde de l'œuvre étrangère, cette réverbération lumineuse par où l'exécution remonte à la portée du génie créateur, ne sauraient jaillir que d'une entité généreuse, élevée par toutes ses facultés à la fois à la hauteur de l'art en général. Liszt n'a pas choisi son heure, il est né fatalement de l'heure présente ; c'est le mouvement général du siècle qui l'a enfanté avec ses autres

127

émancipations ; aussi, vainement le sarcasme lui-même s'est-il essayé contre ce talent jeune et vrai : Liszt vaincra l'envie de même qu'il a vaincu son instrument. Mais savez-vous où il a puisé ses forces ? Liszt a porté ses regards vers toutes les régions élevées, et voyant les lettres, le théâtre, la philosophie, la science même se régénérer dans la liberté, il s'est élancé dans leur voie, pour détourner au profit de son art toutes les richesses du monde intellectuel. N'en doutez pas, voilà le secret de Liszt : s'il rend aussi merveilleusement Beethoven, c'est qu'il comprend de même Shakespeare, Gœthe, Schiller, Hugo ; c'est qu'il comprend l'auteur de *Fidelio* dans son génie plus encore que dans son œuvre ; Liszt, c'est la main de Beethoven.

Sans doute c'est avec l'obstination d'un travail bien guidé que, dépassant la stérilité du mécanisme, et supérieur à toute difficulté, Liszt s'est fait de ses doigts comme une voix admirable et soumise aux plus délicates inflexions de son âme ; mais avec quel autre soutien de l'aile puissante de la poésie serait-il allé conquérir à l'exécution musicale un lien qui la renoue à cette chaîne d'idéalité par où les arts s'élèvent et se rattachent au ciel ?

Or désormais, ce lien fera le signe distinctif entre l'artiste véritable et l'artisan musicien : car bientôt, nous n'en saurions douter, il sera manifeste pour tous que l'exécution musicale joue, à l'égard de la composition, le rôle de la forme dans les lettres, du coloris dans la peinture ; et comme la poésie se montre grande et complète seulement alors que la forme et la pensée du poète se confondent en une même beauté, de même aussi l'exécution n'atteint son degré, sa destination supérieure que quand, se pénétrant d'un génie égal au génie de la composition, elle prête à l'œuvre musicale une voix digne d'elle, et devient comme la révélation d'une pensée divine.

Adoucissons la terminologie ainsi que le métaphorisme exaltés qui sont « de l'époque », et nous avons ici une analyse très moderne du génie interprétatif de Liszt.

Défense du piano

Fragment d'une lettre à Adolphe Pictet
publiée dans la Gazette musicale
du 11 février 1838.

... *Vous vous étonnez, vous aussi, de me voir si exclusivement occupé
de piano, si peu empressé d'aborder le champ plus vaste des compositions
symphoniques et dramatiques. Vous ne vous doutez guère que vous avez
touché là un endroit sensible. Vous ne savez pas que me parler de quitter
le piano, c'est me faire envisager un jour de tristesse ; un jour qui éclaira
toute une première partie de mon existence, inséparablement liée à lui.
Car, voyez-vous, mon piano, c'est pour moi ce qu'est au marin sa frégate,
ce qu'est à l'Arabe son coursier, plus encore peut-être, car mon piano,
jusqu'ici, c'est moi, c'est ma parole, c'est ma vie ; c'est le dépositaire
intime de tout ce qui s'est agité dans mon cerveau aux jours les plus
brûlants de ma jeunesse ; c'est là qu'ont été tous mes désirs, tous mes
rêves, toutes mes joies et toutes mes douleurs. Ses cordes ont frémi sous
toutes mes passions, ses touches dociles ont obéi à tous mes caprices, et
vous voudriez, mon ami, que je me hâtasse de le délaisser pour courir
après le retentissement plus éclatant des succès de théâtre et d'orchestre ?
Oh ! non. En admettant même tout ce que vous admettez sans doute
trop facilement, que je sois déjà mûr pour des accords de ce genre, ma
ferme volonté est de n'abandonner l'étude et le développement du piano
que lorsque j'en aurai fait tout ce qu'il est possible, ou du moins tout ce
qu'il m'est possible de faire aujourd'hui.*

Peut-être cette espèce de sentiment mystérieux qui m'attache au piano me fait-il illusion, mais je garde son importance comme très grande ; il tient à mes yeux le premier rang dans la hiérarchie des instruments ; il est le plus généralement cultivé, le plus populaire de tous ; cette importance et cette popularité, il les doit en partie à la puissance harmonique qu'il possède exclusivement ; et par suite de cette puissance à la faculté de concentrer et de résumer en lui l'art tout entier. Dans l'espace de ses sept octaves, il embrasse l'étendue d'un orchestre ; et les dix doigts d'un seul homme suffisent à rendre les harmonies produites par le concours de plus de cent instruments concertants. C'est par son intermédiaire que se répandent des œuvres que la difficulté de rassembler un orchestre laisseraient ignorées ou peu connues du grand monde. Il est ainsi, à la composition orchestrale, ce qu'est au tableau la gravure ; il la multiplie, la transmet, et s'il n'en rend pas les coloris, il en rend du moins les clairs et les ombres.

Par les progrès déjà accomplis, et par ceux que le travail assidu des pianistes obtient chaque jour, le piano étend de plus en plus sa puissance assimilatrice. Nous faisons des arpèges comme les harpes, des notes prolongées comme les instruments à vent, des staccato et mille autres passages qui jadis semblaient l'apanage spécial de tel ou tel autre instrument. De nouveaux progrès prochainement entrevus dans la fabrication des pianos nous donneront indubitablement les différences de sonorités qui nous manquent encore. Les pianos avec pédale basse, *le* polyplectron, *le* claviharpe, *et plusieurs autres tentatives incomplètes témoignent d'un besoin généralement senti d'extension. Le clavier expressif des orgues conduira naturellement à la création de pianos à deux ou trois claviers qui achèveront sa conquête pacifique. Toutefois, bien que nous manquions encore de cette condition essentielle, la diversité dans la sonorité, nous sommes parvenus à obtenir des effets symphoniques satisfaisants, et dont nos devanciers n'avaient point l'idée ; car les* arrangements *faits jusqu'ici des grandes compositions vocales et instrumentales accusent, par leur pauvreté et leur uniforme vacuité, le peu de confiance que l'on avait dans les ressources de l'instrument. Des accompagnements timides, des chants mal répartis, des passages tronqués, de maigres accords trahissaient plutôt qu'ils ne traduisaient la pensée de Mozart et de Beethoven. Si je ne m'abuse, j'ai donné, en premier lieu, dans la partition de piano de la* Symphonie fantastique, *l'idée d'une autre façon de procéder. Je me suis attaché scrupuleusement, comme s'il s'agissait de la traduction d'un texte sacré, à transporter sur le piano non seulement la charpente musicale de la symphonie, mais encore les effets de détail et la multiplicité des combinaisons harmoniques et rythmiques. ... Dorénavant, il ne sera plus permis d'*arranger

les œuvres des maîtres aussi mesquinement qu'on le faisait à cette heure...
Les arrangements, *ou pour mieux dire les dérangements usités, devenus
impossibles, ce titre reviendra de droit à l'infinité de* caprices et de
fantaisies *dont nous sommes submergés, lesquels ne consistent qu'en un
pillage de motifs de tous genres et de toutes espèces tant bien que mal
cousus ensemble...*

*Le piano a donc, d'une part, cette puissance assimilatrice, cette
vie de tous qui se concentre en lui ; et de l'autre sa vie propre, son
accroissement et son développement individuel. Il est tout à la fois,
pour nous servir de l'expression originale d'un ancien,* microcosme et
microthée, *petit monde et petit dieu. A le considérer sous le point de
vue de la progression individuelle, le nombre et la valeur des compositions écrites lui assurent sans contredit la prééminence. Des recherches
historiques nous feraient trouver, dès son origine, une succession non
interrompue, non seulement d'exécutants célèbres, mais encore de compositeurs transcendants qui se sont occupés de cet instrument de préférence
à tout autre ...*(Là, suit un assez long développement de Liszt sur
Mozart, Beethoven, Weber...) *Et puis, tenez, il faut que je vous le
confesse, je suis encore tout près du temps où l'on me faisait apprendre
par cœur les vers du bon La Fontaine, et j'ai toujours eu à la mémoire le
chien trop avide qui laissa l'os succulent qu'il tenait en sa gueule pour
courir après l'ombre dans la rivière où il faillit se noyer. Laissez-moi
donc ronger en paix mon os ; le jour ne viendra que trop tôt où je me
noierai peut-être à la poursuite de quelque ombre immense et insaisissable.*

Un confrère attentif
Fragment d'une lettre adressée
par Liszt à Camille Saint-Saëns.

Très honoré ami,

Votre bonne lettre me promettait plusieurs de vos compositions je les ai attendues... et en attendant je viens vous remercier encore de votre deuxième concerto que j'applaudis vivement. La forme en est neuve et très heureuse ; l'intérêt des trois morceaux va croissant, et vous tenez un juste compte de l'effet du pianiste sans rien sacrifier des idées du compositeur - règle essentielle dans ce genre d'ouvrage.

Tout d'abord le Prélude *sur la pédale de sol frappe et impose ; après une aussi fortunée trouvaille vous faites sagement de la reproduire à la fin du premier morceau, et de l'accompagner cette fois de quelques accords. Parmi les choses qui me plaisent en particulier, je note : la progression chromatique (dernière ligne du* Prélude*) et celle qui alterne entre le piano et l'orchestre (à partir de la dernière mesure de la page 5, répétée ensuite pour le piano seul page 15). Le dessin de tierces et de sixtes en triples croches d'une sonorité charmante, pages 8 et 9 ; il débouche superbement sur l'entrée du* fortissimo ; *le piquant rythme du second motif, et l'*allegro scherzando *page 25 ; peut-être que celui-ci aurait gagné par plus de combinaison et développement, soit du motif principal, soit de quelque motif accessoire ; par exemple ce petit contre-point anodin ne me semblerait pas déplacé :*

Idem pour les pages 50 à 54 où la simple carrure de la période avec la tenue des accords d'accompagnement laisse un peu de vide ; j'y voudrais quelque incidence et enchevêtrement polyphonique comme disent les polyphèmes germaniques, pardonnez-moi cette observation de détail, cher Monsieur Saint-Saëns, je ne la risque qu'en vous assurant en toute sincérité que le total de votre ouvrage me plaît singulièrement...

Pauvre Thalberg...
Extrait d'une lettre à Marie d'Agoult, février 1837.

... Je viens d'entendre Thalberg : en vérité c'est une mystification complète. De toutes les choses déclarées supérieures, c'est assurément la plus médiocre que je sache. Son dernier morceau (composé récemment) sur God save the King *est même bien au-dessous du médiocre. Je l'ai dit à Chopin : c'est un grand seigneur manqué qui fait un artiste encore plus manqué...*

Pauvre Thalberg (bis)
Fragment d'un article de Liszt paru dans la Gazette musicale de juillet 1837, article extrait de la série des *Lettres d'un bachelier ès musique*, et dont les deux premiers sont dédiés « à M. George Sand ».

J'ai reculé jusqu'ici à vous parler d'un débat musical dont on s'est beaucoup trop occupé, puisqu'il vous importune jusques dans votre solitude, et que, vous aussi, vous me demandez l'explication de la chose du monde la plus simple à son origine, mais devenue, à force de commentaires, la plus incompréhensible pour le public ; à force d'interprétations, la plus pénible et la plus irritante pour moi ; je veux vous parler de ce qu'il a plu à quelques-uns d'appeler ma rivalité avec M. Thalberg.

Vous savez que lorsque je quittai Genève au commencement de l'hiver dernier, je ne connaissais point M. Thalberg ; sa célébrité même n'avait que bien faiblement retenti jusqu'à nous. (...) A mon arrivée à Paris, il n'était question dans le monde musical que d'un pianiste tel que l'on n'en avait jamais ouï, qui devait être le régénérateur de l'art, et tout à la fois, comme exécutant et comme compositeur, ouvrait une voie nouvelle où nous devions tous nous efforcer de le suivre.

Vous qui m'avez vu sans cesse prêter l'oreille au moindre bruit et voler de toutes mes sympathies au-devant de chaque progrès, vous devez penser si mon âme tressaillit à l'espoir d'une grande et forte impulsion donnée à toute la génération de pianistes contemporains ; je n'étais mis en méfiance que par une seule chose : c'était la promptitude avec laquelle les sectateurs du nouveau Messie oubliaient ou rejetaient ce qui l'avait précédé.

J'augurais moins bien, je l'avoue, des compositions de M. Thalberg en les entendant vanter d'une manière aussi absolue par des gens qui semblaient dire que tout ce qui avait paru avant lui, Hummel, Moschelès, Kalkbrenner, Bertini, Chopin, par le seul fait de sa venue, étaient rejetés dans le néant. Enfin j'étais impatient de voir et de connaître par moi-même des œuvres si neuves, si profondes qui devaient me révéler un homme de génie. Je m'enfermai toute une matinée pour les étudier consciencieusement. Le résultat de cette étude fut diamétralement opposé à ce que j'attendais ; et je ne fus surpris que d'une chose, c'est de l'effet universel produit par des compositions aussi creuses et aussi médiocres. J'en conclus qu'il fallait que le talent d'exécution de l'auteur fût prodigieux, et mon opinion ainsi formulée, je l'exprimai dans la Gazette musicale sans autre intention perverse que celle de faire ce que j'avais fait en mainte occasion : dire mon avis, bon ou mauvais, sur les morceaux de piano que je prends la peine d'examiner. Je n'avais assurément pas l'intention, en cette circonstance plus qu'en d'autres, de gourmander ou de régenter l'opinion publique ; je suis loin de m'attribuer un droit aussi impertinent ; mais je crus pouvoir, sans inconvénient aucun, dire que si c'était là l'école nouvelle, je n'étais pas de l'école nouvelle ; que si telle était la direction que prenait M. Thalberg, je n'ambitionnais guère de marcher dans la même voie, et qu'enfin je ne croyais pas qu'il y eût dans sa pensée un germe d'avenir que d'autres dussent s'efforcer de cultiver. Ce que j'ai dit là, je l'ai dit à regret, et, pour ainsi dire, contraint par le public qui avait pris à tâche de nous poser l'un près de l'autre, et de nous représenter comme courant dans la même arène, et nous disputant la même couronne, peut-être aussi le besoin inné chez les hommes d'une certaine organisation de réagir contre l'injustice et de protester, même dans les occasions les plus minimes, contre l'erreur et la mauvaise foi, m'a-t-il poussé à prendre la plume, et à dire sincèrement mon opinion. Après l'avoir dite au public, je la dis à l'auteur lui-même lorsque plus tard nous vînmes à nous rencontrer. Je me plus à rendre hautement justice à son talent d'exécution, et il parut mieux comprendre que d'autres ce qu'il y avait de loyal et de franc dans ma conduite. On nous proclama alors réconciliés, et ce fut un nouveau thème tout aussi longuement et aussi stupidement varié que l'avait été celui de notre inimitié. En réalité, il n'y avait ni inimitié, ni réconciliation. De ce qu'un n'accorde pas à un autre une valeur artistique que la foule lui semble avoir exagérée, sont-ils nécessairement ennemis ? Sont-ils réconciliés parce qu'en dehors des questions d'art ils s'apprécient et s'estiment mutuellement ?

CONCERT A LA VAPEUR.

Liszt et l'orchestre

Outre l'apport considérable que Liszt a fait au piano en se révélant le créateur de la technique moderne, il convient d'examiner également ce qu'il a réalisé dans le domaine de la musique symphonique. Là, son amour n'est pas moindre.

On dit souvent que Liszt est l'inventeur de la musique à programme et du poème symphonique. Ceci n'est pas exact, ou, du moins, doit être nuancé. Les choses ne sont pas si simples.

Le terme « musique à programme » désigne une esthétique. Le terme « poème symphonique » désigne un genre musical. Le poème symphonique appartient à la musique à programme. Et l'on pourrait dire : au commencement était la musique à programme.

Or celle-ci, loin d'être une invention de Liszt, existait depuis fort longtemps. Sans remonter aux Grecs et au Nome Pythique évoquant la lutte d'Apollon contre le dragon, nous trouvons, à la période historique, de la musique à programme chez Janequin, chez Froberger, chez Kuhnau surtout, chez Vivaldi avec les « Quatre saisons », chez le J.-S. Bach du

137

« Caprice sur le départ d'un frère bien-aimé » etc. On pourrait multiplier les exemples.

Assez délicate à définir, étant donné la multiplicité d'éléments qui entrent dans sa composition, la musique à programme semble pouvoir se caractériser aussi complètement que possible en reprenant la formule bien pesée de D. M. Calvocoressi : la véritable musique à programme est celle qui, imitative, descriptive, ou représentative est influencée quant à sa structure, à l'ordre de succession de ses motifs, développements, et couleurs, par des considérations non exclusivement musicales, mais se rapportant, en partie au moins, à l'ordre de succession des motifs, développements, et couleurs de la donnée poétique ou de la narration qui a été choisie comme programme. C'est ainsi que l'on peut concevoir de la musique à programme très étroitement concrète jusqu'à la plus stricte imitation des bruits, de la musique à programme très largement abstraite avec l'évocation symbolique des idées, ou, de façon intermédiaire, de la musique à programme simplement impressionniste.

Le poème symphonique avec toutes ses variétés peut, en effet, être considéré comme un poème pour orchestre, le mot poème étant pris dans le sens courant puisqu'il y a, à la base, un argument poétique. Mais il ne faut pas oublier non plus son étymologie, le verbe grec *poiein* qui signifie *faire*.

Si le poème symphonique a existé – ou plus exactement a balbutié – bien avant Liszt sous des formes tantôt vocales, tantôt instrumentales plus ou moins développées, c'est notre musicien qui non seulement va le porter à son point de perfection le plus achevé, mais aussi en fixer les principes théoriques. Mais cela dit, n'oublions pas qu'en cette conjoncture il n'a fait que suivre et perfectionner les suggestions que lui fournissaient les œuvres de Berlioz.

C'est dans un écrit de 1837 qu'il pose ses principes généraux, lesquels sont parfaitement en accord avec ce qu'il réalisera ensuite sur le plan musical. Cet écrit classe le poème symphonique de Liszt dans la catégorie de la musique à programme psychologique mais nullement descriptive, encore moins imitative. *Le programme,* dit-il, *n'a pas d'autre but que de faire une allusion préalable aux mobiles psychologiques qui ont poussé le compositeur à créer son œuvre et qu'il a cherché à incarner en elle... Il peut l'avoir créée sous l'influence d'impressions déterminées qu'il voudrait ensuite porter à la pleine et entière conscience de l'auditeur.* Et rappelons-nous à ce sujet ce qu'il écrivait dans le même esprit afin d'expliquer pourquoi et comment il avait composé les *Années de pèlerinage* (voir p. 26).

Si Liszt refuse de s'enfermer dans le descriptif, il convient cependant de remarquer que certains de ses poèmes symphoniques comportent quelques éléments descriptifs, et qu'il donne à sa conception de la musique à programme toute une gamme de nuances extrêmement subtiles et diverses selon le sujet qu'il a à traiter. C'est ainsi que dans *La Bataille des Huns,* qui est inspirée par un élément purement visuel, un tableau, nous sommes très près du descriptif. La chevauchée de *Mazeppa* et le bal du *Tasso* s'en éloignent déjà un peu, mais il en reste quelques traces très nettes. On s'en éloigne encore pour aller vers le psychologique pur dans *Prométhée* et *Hamlet,* où ce ne sont plus des faits mais des caractères, qui sont évoqués. Avec l'*Héroïde funèbre* et *Hungaria* on s'élève encore vers le général et l'abstrait (il s'agit d'ailleurs ici d'évocations concernant des collectivités et non plus des individus). Enfin, avec *Les Préludes, les Idéals, Ce qu'on entend sur la montagne, Orphée* et *Bruits de fête,* nous sommes dans le symbolisme, la contemplation, ou l'abstrait philosophique ou moral.

A cet ensemble d'œuvres qui constituent à proprement parler les poèmes symphoniques, il convient de rattacher deux autres œuvres extrêmement importantes qui, bien qu'étant écrites en forme de symphonie, n'en procèdent pas moins très étroitement du même esprit : la *Dante-Symphonie* et la *Faust-Symphonie,* la première se situant plutôt sur le versant descriptif et pittoresque, la seconde sur le versant essentiellement psychologique.

C'est sur la *Faust-Symphonie* que nous voudrions nous arrêter un peu longuement, comme l'une des plus hautes et parfaites réalisations de Liszt dans le domaine de l'orchestre.

Mais auparavant nous voudrions examiner rapidement non plus le point de vue esthétique de sa musique symphonique, mais le point de vue sonore.

L'apport de Liszt dans le domaine de l'orchestration n'est pas moins original que dans les autres domaines précédemment envisagés. Certes, on peut parfois retrouver chez lui quelques traces de l'influence de Berlioz et de Wagner. Mais de tels échanges sont naturels de la part de ces trois grands novateurs, contemporains les uns des autres, et respirant un même air dans lequel flottent les mêmes idées. En dépit de ces traces, Liszt se montre très personnel et très audacieux dans son orchestration, et, comme l'a très justement fait observer Gabriel Pierné, il peut également à cet égard faire figure de précurseur.

Les instrumentations de Liszt sont généralement très riches, très chargées comme beaucoup d'instrumentations romantiques. Mais contrairement à celles d'Allemands comme Schumann ou Brahms, elles ne sont jamais compactes. Très aérées au contraire malgré leur richesse, leur recherche de puissance et d'éclat, l'accumulation des moyens sonores. L'orchestre de Liszt reste toujours extrêmement incisif même dans les plus grands moments de surcharge. A cet égard, **il annonce un autre virtuose de l'orchestre qui sera son disciple à de nombreux points de vue, Richard Strauss, et de même Gustav Mahler.**

On doit aussi remarquer que Liszt, en virtuose qu'il est, se montre souvent très exigeant vis-à-vis des instrumentistes. Il exploite les instruments de l'orchestre en leurs possibilités sonores et techniques souvent les plus lointaines, parfois comme des solistes, ce qui, pour les orchestres de l'époque, représentait une grande audace.

Parmi les formules qui lui sont familières, on doit citer les doublures qui sont, par ailleurs, si caractéristiques de la musique de Wagner, et donnent à sa musique ce volume intérieur si spécial ; de même qu'une tendance peut-être un peu excessive à dresser devant les vents des unissons généreux de l'ensemble des cordes, formule dont Wagner, là encore, a tiré lui aussi un excellent parti.

Mais il sait également mieux que personne diviser le quatuor, avec une subtilité extrême, des dosages raffinés qui lui permettent de donner tout leur relief à son infatigable invention rythmique.

Comme la coloration de ses poèmes symphoniques demandait des ressources sonores particulièrement puissantes et diverses, il adopte un matériel sensiblement plus important que celui qui était couramment employé à l'époque. C'est souvent l'orchestre par quatre, une batterie renforcée, et parfois l'introduction d'instruments ou d'effets exceptionnels (par exemple le tam-tam de *Ce qu'on entend sur la montagne,* tam-tam qui dialogue curieusement avec un violon solo dans les hauteurs de la virtuosité ; l'attaque des cordes avec le bois de l'archet – « col legno » – que seul Berlioz avait employé avant lui).

Il est un des premiers à donner un rôle important à la harpe, et à adopter les glissandi de harpe dont la musique impressionniste fera plus tard un abus, si écœurant parfois. Et, en ce qui concerne les instruments classiques, il lui arrive fréquemment de les employer dans des registres insolites, inhabituels, de façon à obtenir des effets sonores tout nouveaux (par exemple dans le *Méphisto* de la *Faust-Symphonie*).

Enfin dans l'écriture instrumentale elle-même, il trouve des formules génératrices d'effets neufs, en renonçant à se contenter des formules traditionnellement appliquées à chaque instrument suivant son caractère, mais au contraire en lui appliquant des formules utilisées d'habitude pour d'autres instruments. C'est ainsi qu'on le verra couramment confier aux cordes des dessins dont la configuration est d'essence évidemment pianistique.

Ce sont là quelques-unes des principales caractéristiques de l'art orchestral de Liszt.

Dans le rapide examen que nous allons faire maintenant de la *Faust-Symphonie*, nous verrons comment il met tout cela en pratique, et nous aurons également l'occasion de voir comment dans ce triple poème symphonique, il met également en pratique sa conception cyclique dont nous avons déjà vu l'exploitation dans la *Sonate*.

LA FAUST-SYMPHONIE

Si c'est Berlioz et sa « Symphonie fantastique » qui révélèrent à Liszt les possibilités de la musique à programme, c'est également Berlioz qui, en 1827, révéla à Liszt ce « Faust » de Gœthe que notre musicien ne connaissait pas encore à l'époque, et dont la traduction de Gérard de Nerval venait de paraître en France. N'oublions pas non plus que Berlioz devait dédier à Liszt sa « Damnation de Faust », laquelle comporte cette étourdissante « Marche hongroise » dont les seules raisons d'être sont d'une part sa vertigineuse réussite instrumentale, et d'autre part l'hommage du maître français au maître magyar.

Le sujet de « Faust », qui a sollicité aussi quelques autres musiciens romantiques (Schumann, Wagner, Spohr, pour ne citer que les plus sérieux, sans parler du projet de la fin de la vie de Beethoven), avait d'abord tout naturellement inspiré à Liszt un opéra ; et il avait successivement pensé le composer en collaboration soit avec Dumas, soit avec Nerval. Mais finalement (et bien que par la suite il y ait ajouté un finale avec chœurs et ténor solo composé sur le *Chorus mysticus* conclusif du « Second Faust » de Gœthe), le jaillissement symphonique, thématique et instrumental qu'il avait en son imagination lui suffit ; et il se contenta de cette symphonie qui n'en est une que de façon très extérieure, et qui, en réalité, n'est qu'un triptyque de poèmes symphoniques. Le titre original est *Eine Faust-Symphonie in drei Charakterbildern* (c'est-à-dire « trois portraits psychologiques »). C'était bien dire qu'il n'entendait nullement donner un film symphonique parallèle au déroulement de l'action, mais seulement en synthétiser essentiellement les trois caractères principaux. Ceci était conforme aux déclarations de son

manifeste concernant la musique à programme. Et, bien que Liszt n'ait rien formellement précisé à ce sujet, il ne s'est pas déplu à laisser supposer que les deux pièces masculines (Faust, et Méphistophélès) pouvaient être considérées comme représentant deux aspects de sa propre personnalité, tandis que le morceau central (Marguerite) symbolisait sa conception de la femme. Comme pour les *Années de pèlerinage*, le prétexte initial passe à travers le prisme de la personnalité de Liszt qui soumet le poème dramatique de Gœthe à une synthèse psychologique et lyrique.

Le premier morceau, *Faust*, expose d'abord, *Lento*, un premier thème mystérieux, chromatique, qui symbolise les inquiétudes métaphysiques de Faust :

(On notera entre parenthèses que c'est là une *série* dodécaphonique presque parfaite, et aussi que Wagner a utilisé le même dessin pour le sommeil de Sieglinde au second acte de « La Walkyrie » :

Mais ce ne sont là que de petites coïncidences amusantes, sans plus.)

Vient ensuite un second motif énoncé par le hautbois, motif très caractéristique avec sa chute de septième, et que l'on retrouvera souvent au cours de l'œuvre entière. C'est le thème de l'amour :

Ces deux thèmes sont ensuite combinés et développés dans l'introduction lente, laquelle amène un *Allegro agitato ed appassionato assai* qui commence par lancer aux cordes, puis à tout l'orchestre, le troisième thème tumultueux :

Un quatrième thème, héroïque et triomphal, apparaît ensuite pour caractériser l'homme (cuivres) :

Tout ce matériel thématico-psychologique est ensuite utilisé avec un grand dynamisme dramatique au cours du morceau qui n'a d'ailleurs nullement la coupe habituelle de l'allegro de symphonie, et qui, selon le principe libre du poème symphonique suit les élans de la pensée du compositeur, avec un sens des contrastes habilement ménagé entre la signification et l'effet sonore, voire la superposition de ces différents éléments. La coda, très éclatante, utilise naturellement le quatrième thème (héroïsme), et se dénoue dans les violoncelles et les contrebasses sur le deuxième thème, celui de l'amour.

Le second morceau, *Marguerite*, s'oppose naturellement par sa douceur et sa tendresse au « Sturm und Drang » précédent. Au-dessus de la petite harmonie, la flûte prend joliment la parole, avec grâce et candeur. Puis c'est le hautbois, accompagné par l'alto, qui présente le personnage de Marguerite :

Dans tout ce début on remarquera comment Liszt emploie les instruments en solistes. Par ailleurs, la seule intention descriptive pittoresque de l'œuvre : « Il ne m'aime pas! Il m'aime ! etc. » de la jeune fille effeuillant la marguerite :

Les thèmes de Faust viennent ensuite se mêler au thème de Marguerite, soit dans la rêverie, soit dans la passion. Là encore, développement en toute liberté et aisance symphoniques, sans plan préconçu, avec une merveilleuse utilisation du quatuor. Ce morceau passe par toutes les nuances d'une cour, d'un dialogue amoureux que vient conclure, dans les dernières mesures, un discret rappel du thème héroïque de Faust symbolisant le triomphe de ce dernier.

Le troisième morceau, *Méphistophélès*, a cette particularité de ne comporter aucun thème propre. Liszt s'en est expliqué en disant que Méphistophélès est l'esprit qui nie (« Ich bin der Geist der stets verneint »), et qu'il a repris pour lui certains thèmes de Faust en les déformant, en les caricaturant, ce qui est une nouvelle démonstration étincelante de son esprit de variation et de son esprit cyclique. Devant une telle complexité thématique, on ne pourra donner ici que quelques exemples de la façon dont Liszt va « méphistophéliser » certains motifs de Faust. Voici ce que vont devenir deux des principaux. D'abord le premier, celui de ses inquiétudes métaphysiques :

puis celui de son héroïsme viril :

Tout ce mouvement est mené dans le caractère d'une danse satanique, tour à tour fantastique dans l'instrumentation qui est vraiment fulgurante, ou burlesque et sarcastique dans les dessins et les rythmes. Seul le thème de Marguerite, qui reviendra une seule fois au milieu du morceau, échappe au diabolisme de Méphistophélès et se présente dans toute sa candide pureté dans le cours de cette danse grimaçante et infernale. Mais la danse s'arrête soudain. Le diable disparaît. Agrandi, le thème de Marguerite revient au cor et au violoncelle, soutenu par un nouvel aspect du thème héroïque de Faust.

EINE
Faust-Symphonie
in drei Charakterbildern
(nach Goethe)
I. FAUST. II. GRETCHEN.
III. MEPHISTOPHELES.
und
SCHLUSS CHOR.
«Alles Vergängliche ist nur ein Gleichniss»
FÜR
grosses Orchester und Männer-Chor
componirt von
FRANZ LISZT.
Orchester Partitur Pr. 7 rf netto
Arrangement für 2 Pianofortes vom Componisten Pr. 3 rf netto
M. zur Aufführung gehören 2 Exemplare.

Eigenthum der Verleger.

LEIPZIG.   J. SCHUBERTH & Cᵒ.   NEW-YORK,
Felixstrasse 2   820 Broadway
Wien? Wessely. London Ewer&Cᵒ. Haag Weygand &Cᵒ.

Liszt et la musique religieuse

L a position de Liszt comme compositeur religieux est assez délicate à déterminer, et cela en raison de son attitude souvent déroutante à l'égard de la religion elle-même. Elle mérite néanmoins d'être examinée à la lumière d'exemples caractéristiques, car il ne faut pas oublier que le catalogue des œuvres de Liszt comporte un nombre très important de partitions souvent considérables qui lui ont été inspirées par sa foi. Il ne faut pas oublier non plus que la plus grande partie de cette production religieuse est aujourd'hui tombée dans un inexplicable oubli, et qu'un devoir s'impose aux musicologues, aux artistes, aux maîtres de chapelle : la résurrection de l'essentiel de ce trésor.

Si la foi de Liszt a été constante, elle n'a pas toujours été aussi exaltée en ses manifestations. Nous savons qu'entre sa jeunesse où son catholicisme flamboie romantiquement sous l'influence de Lamennais, et son âge mûr où il s'épanouit avec fermeté, sinon sans certaines impatiences, sous l'influence moralisatrice de la princesse de Wittgenstein, Liszt traverse

Liszt conduisant « La légende de sainte Elisabeth »

une période assez longue où ce genre de préoccupation a été à peu près nul pour lui.

Il convient également de remarquer que l'essentiel de cette production religieuse a vu le jour avant que Liszt n'ait revêtu la soutane, les œuvres les plus importantes ayant été composées pendant la période weimarienne. Il faut de même observer que son inspiration sacrée ne s'est pas seulement manifestée dans le domaine de la musique liturgique pure, ou dans celui de l'oratorio, mais aussi dans nombre de compositions pour piano, depuis les *Harmonies poétiques et religieuses* (dont les premières esquisses remontent à la période du catholicisme romantique des années 30), jusqu'aux deux *Légendes* et au dernier cahier des *Années de pèlerinage* de la maturité. Il n'y a donc pas toujours une logique absolue en ce domaine dans la carrière et la production de Liszt. Mais ceci n'est-il pas un témoignage supplémentaire de la façon « rapsodique » dont il a généralement conduit sa vie...

Il a toujours eu conscience de cet appel de la musique religieuse, et, à cet égard, il est assez intéressant de citer ce passage d'une lettre qu'il écrivait à la princesse de Sayn-Wittgenstein, le 16 septembre 1856, de Vienne : ... *J'ai pris sérieusement position comme compositeur religieux et catholique. Or c'est là un champ illimité pour l'art et que je me sens la vocation de cultiver vigoureusement. Pour l'année prochaine, j'écris une nouvelle messe qui sera exécutée à Kalosca où l'archevêque fait des travaux de restauration d'église fort considérables, qui seront terminés l'été prochain, et l'année 58 j'en écrirai une troisième pour quelque circonstance analogue. La fraction intelligente du clergé m'a tout de suite adopté après la première exécution de ma messe de Gran, et le nombre de mes adhérents enthousiastes parmi les ecclésiastiques va en augmentant. Le fait est, je crois pouvoir le dire en bonne conscience et pleine modestie, que parmi les compositeurs qui me sont connus il n'en est aucun qui ait un sentiment aussi intense et profond de la musique religieuse que votre très humble serviteur. De plus, mes anciennes et nouvelles études de Palestrina, Lassus jusqu'à Bach et Beethoven qui sont les cimes de l'art catholique me donnent un grand appoint, et j'ai pleine confiance que dans*

*trois ou quatre ans j'aurai pris entièrement possession du domaine
spirituel de la musique d'église qui depuis une vingtaine d'années
n'est occupé que par des médiocrités à la douzaine, (lesquelles
à la vérité ne manqueront pas de me reprocher de ne pas faire
de la musique religieuse. Ce qui serait vrai si leurs ouvrages de
pacotille pouvaient compter comme telle.) Là comme ailleurs,
il s'agit de « remonter aux fondements », comme dit Lacordaire,
et de pénétrer à ces sources vives qui rejaillissent jusqu'à la
vie éternelle.*

Les dernières lignes de ce texte sont particulièrement
intéressantes par la façon dont, d'une part, elles stigmatisent
un état de fait extrêmement regrettable dans l'histoire de la
musique religieuse occidentale, et d'autre part définissent
les tendances qui seront celles de Liszt en la matière. Il est,
en effet, certain que la renaissance de la musique religieuse
pendant la dernière partie du XIXe siècle est due, dans une
grande mesure, à ces idées de Liszt qui, pour « remonter aux
fondements » et « pénétrer à ces sources vives », a été chercher
son inspiration dans le plain-chant ainsi que dans certains
vénérables chants populaires. L'exhumation qu'il a faite des
richesses grégoriennes, leur intégration à la musique religieuse
moderne auront été d'une importance capitale pour l'évolution ultérieure de cette musique ; et l'on n'a cessé depuis,
et encore jusqu'à nos jours, d'en éprouver les bienfaits, quelle
qu'ait pu être, en ce domaine, la technique rudimentaire
de Liszt.

Cela dit, la conception lisztienne de la musique sacrée reste
toujours très romantique, aussi grand soit son désir de puri-
fier et de sanctifier le genre. Il est incontestable que non seulement ses oratorios affectent souvent le ton du théâtre musical
(ce qui n'est d'ailleurs pas complètement contraire aux origines du genre), mais que ses messes et psaumes ont souvent
une plastique qui s'apparente un peu à celle de l'air d'opéra,
et nous rappellent que Liszt fut un des maîtres du poème
symphonique.

Certaines de ses œuvres sacrées ont même un caractère
subjectif extrêmement prononcé. Souvenons-nous que lors-

qu'il composa son *Psaume XIII*, « avec des larmes de sang » ainsi qu'il l'écrit à Brendel, c'est l'époque où il désespère de voir se réaliser son union avec la princesse. Et les paroles du *Psaume XIII* sont les suivantes : « Seigneur, combien de temps veux-tu donc m'oublier ainsi ? ... Combien de temps mon âme doit-elle être en souci, et l'angoisse torturer chaque jour mon cœur ? Combien de temps mon ennemi doit-il s'élever au-dessus de moi ? Regarde-moi, et écoute-moi, Seigneur, mon Dieu... Je veux chanter le Seigneur qui m'a fait tant de bien ! » Et d'ailleurs, même dans ce *Psaume XIII*, les plaintes de David sont confiées à un ténor dont le lyrisme est plus proche du théâtre que du ton que l'on donne communément à la prière. A quoi il est facile de répondre qu'il y avait des précédents, et que, sans remonter à Monteverdi ou à Bach, des musiciens comme Haydn et Mozart n'avaient pas procédé différemment. Il arrive que certains morceaux des messes de Haydn ou de Mozart prennent des allures de finales d'opéras baroques. Il n'y a donc pas lieu de s'étonner que la *Messe de Gran* de Liszt ne soit pas toujours exempte de certaines tournures que l'on retrouve dans les opéras du temps.

Ce ne sont pas des œuvres purement liturgiques que nous voudrions citer ici en exemples typiques des productions religieuses de Liszt, mais deux oratorios de styles assez différents et auxquels il a donné un cachet d'originalité très particulier : *La légende de sainte Élisabeth* qui est le type de l'oratorio théâtral, et le *Christus* qui est le type de l'oratorio ecclésiastique.

La légende de sainte Élisabeth a été en partie inspirée à Liszt par des fresques de la Wartburg où Moritz von Schwind a représenté les principaux épisodes de la vie miraculeuse d'Élisabeth de Hongrie. Le compositeur a utilisé un livret dû à Otto Roquette.

La première partie comporte trois panneaux. Le premier s'ouvre par un prélude instrumental bâti sur deux thèmes principaux évoquant les deux aspects essentiels du personnage

Légende de sainte Élisabeth, par Moritz von Schwind :
fresques de la Wartburg à Eisenach.

central, sainte Élisabeth. D'abord sa douceur, sa charité, sa sainteté :

Selon la technique lisztienne à laquelle nous avons fait allusion, ce thème est emprunté à la liturgie ; c'est une adaptation de l'hymne « Quasi stella matutina ». Puis un autre motif évoque l'origine à la fois princière et hongroise d'Élisabeth, motif tout en même temps noble, et de saveur populaire :

Ces deux motifs de base reviendront souvent dans le courant de l'ouvrage, à la fois dans l'esprit cyclique utilisé par Liszt pour ses poèmes symphoniques, et dans celui du leitmotiv employé systématiquement par Wagner dans ses opéras.

Moritz von Schwind : cf. page 153.

Après le prélude instrumental, le premier tableau, qui se passe à la Wartburg, met en scène la présentation de la jeune Élisabeth, princesse de Hongrie, à la cour du landgrave Hermann dont elle doit épouser le fils, Ludwig. La jeune fille est accueillie par des chants joyeux, des chœurs d'enfants, des souhaits de bienvenue. On est déjà ici en pleine ambiance théâtrale, encore que les proportions données par Liszt à certains de ses développements symphoniques et vocaux soient peu favorables à l'action scénique proprement dite.

Le second tableau est consacré au « Miracle des roses ». Selon une habitude, qui d'ailleurs déplaît à Ludwig, Élisabeth s'est rendue chez les pauvres pour y distribuer des aumônes. Dans un pan de sa robe, elle cache des pains. Soudain, elle aperçoit Ludwig qui revient de la chasse. Celui-ci s'approche d'elle, et commence à l'accabler de reproches, la priant de lui montrer ce qu'elle porte ainsi. Alors, tremblante, Élisabeth ouvre le pan de sa robe : les pains se sont métamorphosés en roses. Là encore, Liszt utilise un style de conversation musicale qui est beaucoup plus celui du théâtre que de l'oratorio proprement dit. Après le « Miracle des roses », par contre, les chœurs commentent et glorifient l'événement dans un style qui, lui, n'a plus rien de scénique. Un dessin grégorien y est d'ailleurs employé :

Au troisième tableau, nous voyons Ludwig partir pour la croisade. Dans le « Miracle des roses », il a cru comprendre que Dieu lui ordonnait d'aller combattre pour les Lieux Saints. Cet épisode martial et presque uniquement choral peut être considéré comme se rattachant au style de l'oratorio de concert. L'intention religieuse de Liszt y est évidente puisque la marche des Croisés utilise, sous un autre aspect, le motif grégorien entendu précédemment :

tandis qu'un thème de choral, « Liebster Herr Jesu » sert d'épisode central expressif à cette marche :

La seconde partie comporte également trois panneaux. Le premier est essentiellement théâtral ; c'est sans doute l'épisode le plus complètement scénique de toute l'œuvre, celui où la déclamation lyrique de Liszt se rapproche le plus de la technique wagnérienne. On vient d'apprendre que Ludwig est mort à la croisade. La comtesse Sophie, mère de celui-ci, personne ambitieuse et malfaisante, prend le pouvoir ; elle s'entretient avec le sénéchal, puis fait venir Élisabeth qu'elle chasse de la Wartburg pendant qu'éclate un violent orage. C'est là un tableau également très violent, plein de dynamisme dramatique, et où les thèmes eux-mêmes prennent une plas-

tique de caractère scénique, du fait du caractère de la comtesse
Sophie autant que de la situation. Par exemple :

Faisant suite au précédent et, à la fois, faisant contraste
avec lui, le second tableau nous fait d'abord entendre la fin
de l'orage sous lequel Élisabeth s'est enfuie. Abandonnée,

Moritz von Schwind : cf. p. 153.

épuisée, la jeune princesse sent qu'elle va mourir. Alors elle se penche un moment sur sa vie passée, puis se tourne tout entière vers Dieu qu'elle remercie, à qui elle se recommande, et à qui elle confie ses enfants, tandis que les pauvres qu'elle a aidés ou sauvés de la misère l'entourent, et bientôt lui ferment les yeux. Là encore, Liszt est entre théâtre et oratorio, dans cet épisode qui va vers la paix et le recueillement ; mais il reste cependant loin du théâtre réaliste pour faire au contraire intervenir des éléments symboliques et merveilleux.

C'est encore dans le symbolique et le merveilleux allégoriques que se déroulera le dernier tableau de l'œuvre. Après un bref épisode symphonique de caractère noblement endeuillé, et que traversent fugitivement les thèmes caractéristiques des scènes précédentes, c'est la glorification d'Élisabeth. La foule des malheureux et des soldats entoure les évêques hongrois et allemands au milieu desquels l'empereur Frédéric rend à la sainte le suprême hommage de l'Église.

Dans toute cette légende dramatique, dont on ne peut ici souligner que les traits les plus caractéristiques sans entrer dans l'analyse musicale, Liszt a fait un visible effort pour mettre son fougueux romantisme à genoux. Mais s'il y réussit, cette attitude conserve encore malgré lui une plastique d'opéra. C'est d'ailleurs un tel contraste qui donne à cette œuvre toute son originalité, son accent si particulier, et qui nous révèle l'un des aspects les plus significatifs de l'inspiration religieuse de Liszt.

Bien différent, et situé au pôle opposé de cette inspiration, sera son *Christus*. Si *La légende de sainte Élisabeth* était un opéra qui allait vers l'oratorio, le *Christus* est un oratorio dans lequel résonnent à peine au loin quelques accents dramatiques. Terminé cinq ans plus tard que l'ouvrage précédent (mais tous deux ayant un temps été menés de front) le *Christus* révèle une très nette évolution dans la pensée et la technique de Liszt. Le fait le plus significatif à cet égard consiste en ce que le compositeur avait d'abord décidé de prendre pour texte un poème de Rückert ; mais cette solution lui ayant paru trop profane, il conçut lui-même un livret latin constitué de fragments empruntés aux Écritures Saintes, et plus particulièrement aux récits et prières se rattachant liturgiquement aux fêtes célébrant le souvenir des épisodes de la vie du Christ qu'il voulait évoquer : Noël, Épiphanie, Passion et Résurrection, triptyque qui conditionne la forme externe de l'œuvre.

Sans doute ici le sujet lui-même portait-il moins au théâtre qu'à la salle de concert, sinon à l'église. Et ceci ne se marque pas seulement dans le caractère général que Liszt a donné à sa partition, mais aussi dans la facture technique de celle-ci : c'est ainsi que d'une part le nombre de motifs grégoriens qui y est utilisé est beaucoup plus considérable que dans la *Sainte Élisabeth*, mais surtout que ces motifs ne sont plus employés comme des thèmes servant de base à des développements ou à des structures symphoniques ; ils sont utilisés tels quels, en eux-mêmes, à la fois pour leur signification liturgique classée (en quelque sorte comme des leitmotive ecclésiastiques), et pour la beauté plastique de leur simplicité et de leur archaïsme. On voit donc ici combien a été profonde l'évolution de la pensée religieuse de Liszt en matière musicale.

C'est un peu l'exemple des passions et oratorios de J.-S. Bach qu'il suit en la circonstance, de même qu'il l'a suivi dans l'ordonnance générale du *Christus* où, comme dans l'« Oratorio de Noël » du maître allemand, chaque partie est dédiée à une fête liturgique.

A l'opposé de l'inspiration spectaculaire de la *Sainte Élisabeth*, le *Christus* tend à un dépouillement de tous les moyens d'expression, et cela dans toutes les dimensions. Ici, ce n'est plus du tout le Tzigane qui parle, c'est uniquement le franciscain. Cela dit, nous ne sommes pas en présence d'une œuvre abstraite : un romantisme tempéré joue encore son rôle, et, comme nous le verrons, le pittoresque et le poétique évangéliques y ont leur part (tout comme ils l'avaient déjà dans les passions et oratorios de Bach). Mais tout cela est vu sous l'angle de la suggestion légère, de la méditation intérieure, de l'effacement, et c'est sans doute en raison de cette si profonde humilité du grand virtuose de l'orchestre que cette œuvre a été si souvent mal comprise.

Dans la première partie, « Noël », nous voyons dès le prélude apparaître la poésie évangélique par un premier motif de caractère grégorien et d'expression pastorale :

C'est ensuite l'évocation de Bethléem, sur un autre thème pastoral qu'énonce le hautbois :

Puis un ange chante la venue du Sauveur en reprenant le thème grégorien :

Un chœur *a cappella*, de caractère tout à fait liturgique et non plus pittoresque, chante le *Stabat Mater speciosa*. Puis Liszt revient à la poésie évangélique et pastorale avec l'Adoration des Mages qui font leur entrée sur un air d'hymne ancien :

lequel s'élèvera peu à peu à un chant de triomphe :

Et c'est ensuite la marche des Rois pour laquelle Liszt utilise un dessin grégorien qu'il traite harmoniquement avec une grande simplicité, mais aussi un modernisme qui n'est pas sans dégager un certain parfum d'exotisme :

Cette première partie est la plus développée de l'ouvrage.

La seconde partie, « Après l'Épiphanie », a, dans son ensemble, une physionomie musicale très étroitement liturgique, surtout en ce qui concerne le premier épisode *(Les Béatitudes)* et le second *(Pater noster)* qui est textuel :

Pa _ ter nos _ ter   qui es in cœ _ lis

(De ce *Pater noster*, Liszt a d'ailleurs tiré une pièce pour piano.) Tout ce début est typique de la psalmodie rituelle catholique. Au troisième épisode *(La Fondation de l'Église)*, le ton change et incline vers l'ambiance de concert par la façon dont l'orchestre et les chœurs sont utilisés. Le quatrième *(Le Miracle)* évoque à l'orchestre, et de façon légèrement descriptive, Jésus apaisant la tempête. Le dernier épisode *(Entrée à Jérusalem)* a la même tendance que le précédent, mais fait en outre intervenir les chœurs.

La troisième partie, « La Passion et la Résurrection », comporte d'abord un prélude instrumental d'accent douloureux où se lit une des seules intentions un peu dramatiques de l'ouvrage. Le premier épisode chanté, *Tristis es anima mea*, soutient le même ton expressif, un peu dans l'esprit pathétique de Monteverdi : c'est également le seul passage de ce genre que nous recontrions dans cette œuvre, et qui, abandonnant la sérénité de l'ensemble, atteint presque au style baroque italien. Le contraste n'en est que plus grand avec l'épisode suivant, *Stabat Mater dolorosa*, qui reprend le motif traditionnel de la liturgie :

Sta _ bat   Ma _ ter   do _ lo _ ro _ sa

Ce motif est exposé par le mezzo-soprano auquel les chœurs viennent donner la réplique. Cet épisode se développe dans un climat d'émotion sacrée qui est d'une grande beauté. On notera l'une des façons dont Liszt tire parti de la ligne grégorienne en la modifiant à peine et en l'harmonisant avec autant de subtilité :

L'épisode suivant fait intervenir textuellement les motifs de l'*Alleluia* et de l'*O filii* traditionnels. Enfin, en conclusion, seul morceau de caractère et de style quelque peu académiques : c'est le *Resurrexit*, fugue dont le sujet est emprunté au motif du *Christus vincit*.

Transfiguration de Liszt, selon Raphaël (caricature du Borsszem Jankó).

Liszt et la musique

Gazette musicale, 16 juillet 1837

Encore un jour, et je pars. Libre enfin de mille liens, plus chimériques que réels, dont l'homme laisse si puérilement enchaîner sa volonté, je pars pour des pays inconnus qu'habitent depuis longtemps mon désir et mon espérance.

Comme l'oiseau qui vient de briser les barreaux de son étroite prison, la fantaisie secoue ses ailes alourdies, et la voilà prenant son vol à travers l'espace. Heureux ! Cent fois heureux, le voyageur ! Heureux celui qui ne repasse point dans les mêmes sentiers, et dont le pied ne pose pas deux fois dans la même empreinte (...) Heureux, enfin, qui sait briser avec les choses avant d'être brisé par elles !

C'est à l'artiste surtout qu'il convient de dresser sa tente pour une heure, et de ne se bâtir nulle part de demeure solide. N'est-il pas toujours étranger parmi les hommes ? Sa patrie n'est-elle pas ailleurs ? Quoi qu'il fasse, où qu'il aille, partout il se sent exilé. Il lui semble qu'il a connu un ciel plus pur, un soleil plus chaud, des êtres meilleurs. Que peut-il donc faire pour tromper ses vagues tristesses et ses regrets indéterminés ? Il faut qu'il chante et qu'il passe,

Liszt attend ses élèves à Weimar, 1884.

qu'il traverse la foule en lui jetant sa pensée, sans s'inquiéter où elle va tomber, sans écouter de quelles clameurs on l'étouffe, sans regarder de quels lauriers dérisoires on la couvre. Triste et grande destinée que celle de l'artiste ! Il naît marqué d'un sceau de prédestination. Il ne choisit point sa vocation, sa vocation s'empare de lui et l'entraîne. Quelles que soient les circonstances contraires, les oppositions de la famille, du monde, les sombres étreintes de la misère, les obstacles en apparence insurmontables, sa volonté, toujours debout, reste invariablement tournée vers le pôle ; et le pôle, pour lui, c'est l'art, c'est la reproduction sensible de ce qu'il y a de mystérieusement divin dans l'homme et dans la création. L'artiste vit solitaire. (...)

L'artiste vit aujourd'hui en dehors de la communauté sociale ; car l'élément poétique, c'est-à-dire l'élément religieux de l'humanité, a disparu des gouvernements modernes. Qu'auraient-ils à faire d'un artiste ou d'un poète, ceux qui croient résoudre le problème de la félicité humaine par l'extension de quelques privilèges, par l'accroissement illimité de l'industrie et de l'égoïste bien-être ? Que leur importent ces hommes, *inutiles* à la machine gouvernementale, qui vont par le monde ranimant la flamme sacrée des nobles sentiments et des exaltations sublimes, et satisfont par leurs œuvres au besoin indéfini de beauté et de grandeur qui repose plus ou moins étouffé au fond de toutes les âmes ? Les beaux temps ne sont plus où l'art étendait ses rameaux fleuris sur la Grèce entière et s'enivrait de ses parfums. (...) Le sublime n'étonnait personne, et les grandes actions étaient aussi fréquentes que les grandes œuvres qui tout à la fois les reproduisaient et les inspiraient. L'art puissant et austère du Moyen Age qui bâtissait des cathédrales et y appelait, au son de l'orgue, les populations charmées, s'est éteint avec la foi qui le vivifiait. Aujourd'hui, le lien sympathique est rompu qui, unissant l'art et la société, donnait à l'un la force et l'éclat, et à l'autre ces divers tressaillements qui enfantent les grandes choses.

L'art social n'est plus, et n'est pas encore. Aussi, que voyons-nous le plus habituellement de nos jours ? Des statuaires ? Non, des fabricants de statues. Des peintres ? Non, des fabricants de tableaux. Des musiciens ? Non, des fabricants de musique ; partout des *artisans* enfin, nulle part des *artistes*. Et c'est encore là une souffrance cruelle pour celui qui est né avec l'orgueil et l'indépendance sauvage des vrais enfants de l'art. Il voit autour de lui la tourbe de ceux qui fabriquent, attentifs aux caprices du vulgaire, assidus à complaire à la fantaisie des riches inintelligents, obéissant au moindre signe ; si empressés à baisser la tête et à se courber qu'ils semblent ne se croire jamais assez près de la terre ! Il lui faut les accepter comme ses frères, et voir la foule les confondre avec lui dans la même appréciation grossière, dans la même admiration puérile, hébétée. Et que l'on ne dise pas que ce sont là des souffrances de vanité et d'amour-propre. Non, non, vous le savez bien, vous, si haut placé qu'aucune rivalité ne peut vous atteindre [1]. Les larmes amères qui tombent parfois de nos paupières ce sont celles de l'adorateur du vrai Dieu qui voit son temple envahi par les idoles, et le peuple stupide pliant les genoux devant ces divinités de boue et de pierre, abandonnant pour elles l'autel de la Madone et le culte du Dieu vivant. (...)

Peut-être allez-vous me trouver bien sombre aujourd'hui (...) Mais je viens de vivre six mois d'une lutte mesquine et d'efforts presque stériles. Je viens d'exposer volontairement mon cœur d'artiste à tous les froissements de l'existence sociale ; je viens de supporter jour par jour, heure par heure, les tortures sourdes de ce *malentendu* perpétuel qui semble devoir, bien longtemps encore, subsister entre le public et l'artiste.

Le musicien est sans contredit le plus mal partagé de tous dans ce genre de rapports. Retiré dans son cabinet ou dans son atelier, le poète, le peintre, ou le statuaire accomplit la tâche qu'il s'est donnée, et trouve, son œuvre faite, des libraires pour la répandre, des musées pour l'exposer ; point d'intermédiaires entre lui et ses juges ; tandis que le compositeur est nécessairement forcé de recourir à des interprètes incapables ou indifférents qui lui font subir l'épreuve d'une

---

1. Cet article de la *Gazette musicale* est dédié « à M. George Sand ».

traduction souvent littérale, il est vrai, mais qui ne rend que bien imparfaitement la pensée de l'œuvre et le génie de l'auteur. Ou bien, si le musicien est lui-même exécutant, pour quelques rares occasions où il sera compris, combien de fois lui faudra-t-il prostituer à un auditoire froid et railleur ses émotions les plus intimes, jeter pour ainsi dire son âme au dehors, afin d'arracher quelques applaudissements à la foule distraite ! Encore est-ce à grand-peine si la flamme de son enthousiasme reflète quelque pâle lueur sur ces fronts glacés, allume quelque étincelle dans ces cœurs vides d'amour et de sympathie.

Moins qu'un autre, m'a-t-on dit souvent, j'ai le droit d'exprimer de pareilles plaintes, puisque dès mon enfance le *succès* a de beaucoup dépassé et mon talent et mes désirs ; mais c'est précisément au bruit des applaudissements que j'ai pu tristement me convaincre que c'était à un hasard inexplicable de la *mode*, à l'autorité d'un grand nom, à une certaine énergie d'exécution, bien plus qu'au sentiment du vrai et du beau, qu'étaient dus la plupart des succès. Les exemples abondent et surabondent. Étant enfant, je m'amusais souvent à une espièglerie d'écolier dont mes auditeurs ne manquaient jamais d'être dupes. Je jouais le même morceau, en le donnant tantôt comme de Beethoven, tantôt comme de Czerny, tantôt comme de moi. Le jour où je passais pour en être l'auteur, j'avais un succès de protection et d'encouragement : « Ce n'était vraiment pas mal pour mon âge ! » Le jour où je le jouais sous le nom de Czerny, je n'étais pas écouté ; mais lorsque je le jouais comme étant de Beethoven, je m'assurais infailliblement les bravos de toute l'assemblée (...).

Il est de fait qu'aujourd'hui, une certaine éducation musicale est le partage du plus petit nombre (...). On se borne la plupart du temps à entendre de loin en loin et sans choix, parmi quelques belles œuvres, une foule de choses pitoyables qui faussent le goût et habituent l'oreille aux plus mesquines pauvretés. Contrairement au poète qui parle la langue de tous, et s'adresse d'ailleurs à des hommes dont l'esprit s'est plus ou moins formé par l'étude obligée des classiques, le musicien parle une langue mystérieuse qui demanderait pour être comprise un travail spécial, ou tout au moins une longue habitude ; il a aussi ce désavantage sur le peintre et le statuaire, que ceux-ci s'adressent au sentiment de la forme, bien plus général que la compréhension intime de la nature et le sentiment de l'infini, qui sont l'essence même de la musique. Est-il une amélioration possible à cet état de choses ? Je le crois, et je crois aussi que nous y tendons de toutes parts. On ne cesse de répéter que nous vivons à une époque de transition ; cela est vrai de la musique plus que de quoi que ce soit. Il est triste sans doute de naître dans ces temps de labeurs ingrats où celui qui sème ne récolte pas, où celui qui amasse ne jouit pas, où celui qui conçoit des pensées de salut ne doit point les voir se vivifier et, pareil à la femme qui meurt dans le travail de l'enfantement, les lègue faibles et nues encore à la génération qui foulera sa tombe. Mais pour ceux qui ont foi, qu'importent les longs jours d'attente ?

Liszt au milieu de ses élèves

Ms. 175

Catalogue

N. B. Nous publions pour la première fois dans la musicographie française le catalogue étendu et daté des œuvres de Liszt, catalogue mis à jour d'après les travaux les plus récents, et notamment l'ouvrage de Peter Raabe ainsi que la dernière édition de l'édition 1955 du « Grove's Dictionnary of music and musicians ». Toutefois, étant donné le nombre de pages que cela eût supposé, nous n'avons pas détaillé entièrement les œuvres ressortissant aux trois catégories suivantes : *œuvres sur des thèmes populaires* ; *mélodies et lieder* ; *arrangements et transcriptions*. Dans ces trois catégories, nous nous sommes bornés à quelques citations particulièrement caractéristiques.

Opéra

1824
1825 ⁻ Don Sanche ou le château d'amour

Tableau des tonalités, manuscrit de Liszt.

Œuvres religieuses avec chœurs

1840 Cinq chœurs sur des textes français de Racine, Chateaubriand et Liszt
1845 Hymne de l'enfant à son réveil
1846 Ave Maria
   Pater noster
1848
1869 Missa quatuor vocum ad æquales concinente organo
1853 Domine salvum fac regem
   Te Deum - Hymnus SS. Ambrosii et Augustii
1855 Messe de Gran
   Psaume XIII
1855
1867 Christus - oratorio
1855
1859 Les béatitudes
1857 -
1862 La légende de sainte Élisabeth - oratorio
1858 Chant de fête pour l'ouverture du dixième congrès des professeurs allemands
1859 Psaume XXIII
   Psaume CXXXVII
   Te Deum
1860 Psaume XVIII
   A saint François de Paule
   Pater noster grégorien
   Répons et antiphonies
1862 Cantico del sol di san Francesco d'Assisi
1863 Le Christ est né - chant de Noël
   Chant pour le millénaire des SS. Cyril et Methodius
1865 Missa choralis
   Ave Maris stella
   Cruz ! - hymne des marins
1867 Dall'alma Roma
1867 Messe hongroise pour le couronnement de François-Joseph

Œuvres chorales profanes

Œuvres pour orchestre

1848 -
1849   Ce qu'on entend sur la montagne - Bergsymphonie
1849   Tasso, Lamento e Trionfo
1849 -
1850   Heroïde funèbre - Heldenklage
1849   Marche de fête pour le jubilé de Gœthe
1850   Prometheus
1851   Mazeppa
       Bruits de fête - Festklänge
1853
1854   Orpheus
1854   Les Préludes
       Hungaria
       Faust-Symphonie
1855 -
1856   Dante-Symphonie
1857   La Bataille des Huns - Hunnenschlacht
       Les Idéals - Die Ideale
       Pour la fête de Schiller
1858   Hamlet
1859   Marche de fête sur des thèmes de « Diana von Solange »
1860   Deux épisodes du « Faust » de Lenau
1860 -
1866   Trois odes funèbres - Lamennais, Michel-Ange, Le Tasse
1863   Salve Polonia
1865   Rakoczy - Marche
1867   Marche hongroise pour la fête du couronnement
1875   Seconde marche hongroise
1880 -
1881   Méphisto-Valse
1881
1882   Du berceau jusqu'à la tombe - Von der Wiege bis zum Grabe

Œuvres pour piano et orchestre

1830	Malédiction - avec cordes
1834	Grande fantaisie symphonique sur des thèmes de Berlioz
1839	
1861	2ᵉ concerto, en la majeur
1848	Fantaisie sur des thèmes des « Ruines d'Athènes » de Beethoven
1849	
1856	1ᵉʳ concerto, en mi bémol majeur
1849	
1859	Danse macabre
1851	Wanderer - Fantaisie de Schubert
	Polonaise brillante op. 72, de Weber
1852	Fantaisie sur des airs populaires hongrois

Œuvres de musique de chambre

1832	
1835	Sonate en duo pour violon et piano d'après une mazurka de Chopin
1837	Grand duo concertant sur la romance « Le Marin » pour piano et violon
1874	Elégie à la mémoire de Marie Moukhanoff pour violoncelle, piano, harpe harmonium
1877	2ᵉ élégie pour piano, violon et violoncelle
1880	Romance oubliée pour piano et alto ou violon
1881	Le berceau pour quatre violons
1882	La gondole funèbre pour piano et violon ou violoncelle
1883	Sur la tombe de Richard Wagner, pour quatuor à cordes et harpe

Œuvres pour piano

I. ÉTUDES

1822   Variations sur une valse de Diabelli
1824   Huit variations
       Sept variations brillantes sur un thème de Rossini
       Impromptu brillant sur des thèmes de Rossini et Spontini
       Allegro di bravura
       Rondo di bravura
1827   Études en quarante-huit exercices dans tous les tons majeurs et mineurs - douze
       écrites seulement
       Scherzo en sol mineur
1838   Vingt-quatre grandes études
1838
1851   Six études d'exécution transcendante d'après Paganini
1840   Mazeppa
       Morceau de salon - étude de perfectionnement
1848   Trois études de concert
1851   Douze études d'exécution transcendante
1852   Ab irato - Étude de perfectionnement de la « Méthode des méthodes »
1862   Deux études de concert
1868
1880   Études techniques - douze livres

2. ŒUVRES DE CRÉATION ORIGINALE

1834
1852   Harmonies poétiques et religieuses
1834   Apparitions - trois pièces
1835
1836   Album d'un voyageur - 3 cahiers, 19 pièces
1835
1855   Années de pèlerinage - première année, Suisse : 1. Chapelle de Guillaume Tell.
       2. Au lac de Wallenstadt. 3. Pastorale. 4. Au bord d'une source. 5. Orage. 6. Vallée
       d'Obermann. 7. Eglogue. 8. Le mal du pays. 9. Les cloches de Genève.
1836   Fantaisie romantique sur deux mélodies suisses

1838
1849 ⌐ Années de pèlerinage - deuxième année, Italie : 1. Sposalizio. 2. Il Pensieroso.
3. Canzonetta del Salvator Rosa. 4. Sonetto del Petrarca n° 47. 5. Sonetto
del Petrarca n° 104. 6. Sonetto del Petrarca n° 123. 7. Après une lecture de
Dante, Fantasia quasi Sonata
1839　Trois sonnets de Pétrarque - première version
1840
1859 ⌐ Venezia e Napoli. Supplément aux Années de pèlerinage : 1. Gondoliera. 2. Can-
zone. 3. Tarantella
1841　Feuillet d'album en mi majeur
　　　 Feuillet d'album en la bémol majeur
1842　Feuillet d'album en forme de valse
1845
1848 ⌐ Ballade n° 1 en ré bémol majeur
1848　Élégie sur des motifs du prince Louis-Ferdinand de Prusse, neveu de Frédéric
le Grand
　　　 Romance
1849　Grand concert solo - pour le concours du Conservatoire de Paris
1849
1850 ⌐ Consolations - six pièces
1851　Scherzo et marche
1853　Ballade n° 2 en si mineur
　　　 Sonate
1854　Berceuse
1859　Prélude d'après J-S. Bach
1862　Variations sur « Weinen, Klagen, Sorgen, Zagen »
1863
1865 ⌐ Deux légendes : 1. saint François d'Assise. La prédication aux oiseaux. 2. saint
François de Paule marchant sur les flots.
1864　Urbi et orbi - bénédiction papale
　　　 Vexilla regis prodeunt
1865
1876 ⌐ Quatre pièces brèves
1868　La marquise de Blocqueville - portrait en musique
1870　Cortège funèbre de Mosonyis
1872　Impromptu
1872
1877 ⌐ Années de pèlerinage - troisième partie, Italie : 1. Angelus ! Prière aux anges
gardiens. 2. Aux cyprès de la villa d'Este - Andante 3/4. 3. Aux cyprès de la
villa d'Este, Thrénodie - Andante non troppo lento. 4. Les jeux d'eau à la villa
d'Este. 5. « Sunt lacrymæ rerum », en mode hongrois. 6. Marche funèbre 7.
Sursum corda.
1874 -
1876　Arbre de Noël - douze pièces
1874 -
1877　Trois élégies
1877　Sancta Dorothea
1880　In festo transfigurationis Domini nostri Jesu Christi
1881　Le chant du berceau
　　　 Nuage gris
1882　La gondole funèbre
1883　R. W. Venezia - après la mort de Wagner
　　　 Sur la tombe de Richard Wagner
　　　 Nocturne d'après un poème de Toni Raab

1885 Recueillement
Grandes figures historiques hongroises - 7 portraits
Prélude et marche funèbre
En rêve, nocturne
Sinistre

3. DANSES

1836 -
1850 Grande valse di bravura
1838 Grand galop chromatique
1840 Galop de bal
1841 Galop en la mineur
1842 Petite valse favorite
1843 Ländler
1849 Marche de fête pour le centenaire de Gœthe
1850 Valse impromptu
Mazurka brillante
1851 Deux polonaises
1856 Preludio pomposo
1881
1882 ⁻ Csardas macabre
1881
1883 ⁻ Trois valses oubliées
1883 Méphisto-polka
1884 Deux csardas

4. ŒUVRES SUR DES THÈMES POPULAIRES

L'abondance de ce chapitre ne nous permet pas de donner ici le détail des quelque cent pièces qui le composent, et font appel aux folklores tchèque, anglais, français, allemand, italien, polonais, russe, espagnol et hongrois. Il convient cependant de réserver une citation spéciale aux dix-neuf *Rapsodies hongroises* dont la composition s'échelonne de 1846 à 1885.

5. ŒUVRES POUR DEUX PIANOS

1834 Grand Konzertstück sur les « Romances sans paroles », de Mendelssohn
1856 Concerto pathétique

6. ŒUVRES POUR PIANO A QUATRE MAINS

1861 Notturno en fa dièse mineur
1876 Festpolonaise pour le mariage de la princesse Marie de Saxe
1880 Variations sur des thèmes russes

Mélodies et lieder

On ne peut énumérer ici les 80 lieder et mélodies que nous laisse Liszt, chants composés sur des textes de toutes langues et qui vont de Béranger à Gœthe en passant par toute les tendances littéraires du temps.

Récitations avec accompagnement de piano

1858   Léonore de Bürger
1859   Von hundert Jahren, de Halm
1860   Der traurige Mönch, de Lenau
1874   Des toten Dichters, de Jokai
1875   Der blinde Sänger, d'Alexis Tolstoï

Œuvres pour orgue

1850   Fantaisie et fugue sur le choral « Ad nos, ad salutarem undam »
1855   Prélude et fugue sur le nom de Bach
1860
1884   Deux préludes
1863   Pie IX, hymne papal
1864   Ora pro nobis, litanie
1877   Resignazione
1879   Missa pro organo lectarum celebrationi missarum adjumento inserviens
        Prière
1883   Requiem pour orgue
        Sur la tombe de Richard Wagner

Arrangements et transcriptions

Ainsi qu'on le sait, les arrangements et transcriptions soit pour piano, soit pour orchestre, constituent, quantitativement, une part importante de la production de Liszt. La liste en comprend, en effet, près de 350 numéros parmi lesquels nous voyons apparaître les compositeurs les plus variés, de Bach et Allegri jusqu'à Verdi et Saint-Saëns, et dans lesquels figurent naturellement les transcriptions que Liszt a réalisées lui-même de ses propres œuvres. On citera cependant quelques-uns des arrangements les plus caractéristiques :

1835	Réminiscences de « La Juive », de Halévy
1835	
1836	Réminiscences de « Lucia di Lammermoor », de Donizetti
	La Serenata et l'Orgia. Grande Fantaisie sur des motifs des « Soirées musicales », de Rossini
1836	Grande Fantaisie, sur des thèmes de l'opéra « Les Huguenots », de Meyerbeer
1838	« Soirées italiennes ». Six amusements pour piano sur des motifs de Mercadante. Lieder, de Schubert.
1838	
1839	Schwanengesang, de Schubert
1839	Adelaïde - op. 46, de Beethoven
1840	Lieder - op. 19, 34, 47, de Mendelssohn
	Fantaisie sur des motifs favoris de l'opéra « La Somnambula », de Bellini
1841	Réminiscences de « Norma », de Bellini
	Réminiscences de « Robert le diable », de Meyerbeer
	Réminiscences de « Don Juan », de Mozart
1846	Tarantelle di bravura, d'après la Tarantelle de « La Muette de Portici », de Auber
1848	Ouverture de « Tannhäuser », de Wagner
1849	« An die ferne Geliebte, Liederkreis » - op. 98, de Beethoven
	Tannhäuser, extraits, de Wagner
1852	« Soirées de Vienne ». Valses caprices, d'après Schubert
1859	« Rigoletto ». Paraphrase de Concert, de Verdi
1860	« Vaisseau Fantôme », extraits, de Wagner
	Six Chants polonais - op. 74, Chopin
1861	Valse de l'opéra « Faust » de Gounod
1867	Tristan et Isolde, « Mort d'Isolde », de Wagner
1872	Lieder de Clara et Robert Schumann
1882	Réminiscences de « Boccanegra », de Verdi

N. B. A ce catalogue qui s'élève déjà à 686 numéros, il convient d'ajouter une quinzaine d'œuvres inachevées, dont certaines très importantes, telles que *Sardanapale*, opéra en trois actes d'après Byron, et *La légende de saint Stanislas* oratorio sur un texte de la princesse de Sayn-Wittgenstein.

Par ailleurs, il convient également de mentionner 166 partitions douteuses ou perdues mais dont les biographies de Liszt font expressément mention.

Enfin, nous passons sous silence les innombrables éditions de musiciens de tous ordres que Liszt a révisées.

Œuvres littéraires

La plupart des écrits importants de Liszt ont été réunis dans les sept volumes de ses *Gesammelte Schriften* publiés par Lina Ramann chez Breitkopf et Härtel. Beaucoup de ces écrits sont évidemment de la main même du musicien, mais il en est également un certain nombre qui ont été rédigés soit par Marie d'Agoult, soit par la princesse de Sayn-Wittgenstein.

Voici les titres des études qui conservent aujourd'hui un intérêt particulier : *F. Chopin*, 1852 ; *De la situation des artistes et de leur condition dans la société*, 1835 ; *De la future musique d'église*, 1834 ; *Les œuvres pianistiques de Robert Schumann*, 1837 ; *Lettres d'un bachelier ès musique* 1835-1840 ; *L'Orphée de Glück*, 1854 ; *Le Fidelio de Beethoven*, 1854 ; *L'Euryanthe de Weber*, 1854 ; *La musique de Beethoven pour Egmont*, 1854 ; *La musique de Mendelssohn pour le Songe d'une nuit d'été*, 1854 ; *Richard Wagner (Tannhäuser, Lohengrin, Le Vaisseau Fantôme, L'or du Rhin)*, 1849-1855 ; *La symphonie Harold de Berlioz*, 1855; *Robert Schumann*, 1855 ; *Clara Schumann*, 1855 ; *John Field et ses nocturnes*, 1859 ; *Des Bohémiens et de leur musique en Hongrie*, 1859 ; *Critique de la critique : Oulibichev et Sérov*, 1858.

Généalogie

ADAM LI
ép. ANNA LA◗

FRA
(18
MARIE DE FLAVI◗
18

BLANDINE LISZT*
1835-1863
ép. ÉMILE OLLIVIER en 1857

CO◗
1
ép. HANS

DANIEL OLLIVIER
1863-1941
ép. CATHERINE DU BOUCHAGE

DANIELA SENTA VON BULOW
1860-1940
ép. Dʳ THODE

BLANDINE
1

BLANDINE OLLIVIER
ép. PRÉVAUX

DANIELA DE PRÉVAUX
ép. JEANSON

CLAUDE DE PRÉVAUX

BLANDINE
COSIMA
ARIANE
MARIE-SOPHIE

branche française

* *Les trois enfants de Liszt et de Marie d'Agoult, née Flavigny, sont Flavigny jusqu'à ◗*

Société Liszt

Une *Liszt Society* a été fondée à Londres en 1950 par le professeur E. J. Dent comme président (†), et le jeune compositeur dodécaphoniste Humphrey Searle comme secrétaire général. Elle a déjà publié plusieurs recueils de pièces pianistiques inédites.
L'adresse de la *Liszt Society* est *44 a Ordnance Hill, London N. W. 8.*

27
66

ZT
)
TESSE D'AGOULT

-*

w en 1857   ép. RICHARD WAGNER en 1870

H VON BULOW   ISOLDE WAGNER   EVA MARIA WAGNER   SIEGFRIED WAGNER   DANIEL LISZT*
                   1865-1919   1867-1943   1869-1930   1839-1859
INA   ép. Dʳ BEIDLER   ép. HOUSTON STUART   ép. W. WILLIAMS

                   FRANZ BEIDLER   WIELAND
                                                            FRIEDLINDE
                                                            WOLFGANG
                                                            VERENA

                   branche allemande

nation Liszt par l'impératrice Elisabeth d'Autriche.

Discographie

ÉTABLIE ET COMMENTÉE PAR MARCEL MARNAT

Depuis la première édition de cet ouvrage, il y a douze ans, la situation de Liszt s'est singulièrement modifiée. Alors qu'on explore de nouveaux aspects de son œuvre pianistique, les pages pour orchestre les plus populaires semblent quitter l'affiche des concerts. Le disque impose ainsi un « Liszt » nouveau, bien souvent hors de ses titres consacrés. Il est remarquable que la discographie actuelle impose enfin le compositeur d'œuvres religieuses, révélation capitale que ne laissaient guère prévoir les biographies traditionnelles. De nombreuses réévaluations d'ordre strictement technique devaient enfin modifier complètement le catalogue de naguère. Cette discographie a donc dû être reprise entièrement, compte tenu de tous les disques disponibles sur le marché français au 1er janvier 1972.

ŒUVRES POUR PIANO

Moins que celle de Chopin, l'œuvre pour piano de Liszt se prête au récital enregistré. On ne saurait donc définir un grand nombre d'interprètes en étudiant leurs anthologies. Citons seulement un disque d'œuvres tardives signé par Alfred Brendel (Vox) et un autre de Gyorgy Cziffra (PLM) : on en trouvera ci-dessous le détail. Il est en revanche captivant de redécouvrir la manière dont on jouait cette musique au début du siècle, ce que nous restitue une série d'« enregistrements » sur bande de pianos mécaniques effectués par Paderewsky, Cortot, Busoni, Hofmann, Friedman et Ganz (2 d. Adès). Les pièces isolées ne se prêtant pas à confrontation ont été classées en fin de rubrique avec référence au recueil auquel elles appartiennent.

1. Années de pèlerinage. Suisse, Italie. Ciccolini (3 d. VSM) très fin, coloré, poétique et France Clidat dans le premier volume d'une « intégrale » en cours de publication concernant tout l'œuvre pianistique de Liszt (avec *Deux Légendes* : 4 d. économiques en album, Vega). Cette dernière interprétation est d'une conception plus robuste, d'une pâte plus généreuse. Parmi les disques d'extraits, citons Arrau (avec *Deuxième Ballade*, Philips).

2. L'Arbre de Noël. Recueil tardif de chants et de chorals populaires, harmonisés de manière très savante, une des découvertes à faire dans l'INTÉGRALE Clidat (vol. III, Vega).

3. Ballades. Arrau (Philips) ou vol. III de l'INTÉGRALE Clidat.

4. Consolations. La récente version de France Clidat (vol. III) l'emporte nettement sur celle, beaucoup plus ancienne, de Ciccolini (VSM).

5. Six Études d'après Paganini. Actuellement, une seule version disponible, l'un des disques les moins réussis d'André Watts (avec *Sonate*, CBS). A paraître dans l'INTÉGRALE Clidat, vol. V.

6. Douze Études d'exécution transcendante. La version intégrale de Cziffra (VSM), assez ancienne, semblant difficile à trouver, on choisira le récital magnifique de Vladimir Ashkenazy (7 *Études*, *Impromptu* et *Mephisto Waltz* n° 1, Decca), l'un des plus beaux disques lisztiens actuellement disponible. Prévu dans l'INTÉGRALE Clidat, vol. V.

7. Galops. Voir ci-dessous INTÉGRALE IV.

8. Harmonies poétiques et religieuses. Nouvelle rivalité Clidat-Ciccolini. A mérites musicaux égaux, signalons que le second est publié à part (2 d. VSM) et la première dans un des « volumes » les plus intéressants de son INTÉGRALE (avec **2, 3, 4** *Trois Nocturnes* et *Berceuse* 4 d., Vega).

9. Deux Légendes. Par France Clidat, complètent opportunément l'enregistrement des *Années de pèlerinage*. La seule édition séparée est celle de Kempff, remarquable mais très ancienne (Turnabout).

10. Marches et Mazurkas. Voir ci-dessous INTÉGRALE IV.

11. Mephisto Waltzer. Mephisto Polka. Bagatelle sans tonalité. Le cycle entier des pages inspirées par le « Faust » de Lenau constitue, avec les *Czardas*, l'essentiel du vol. IV de

France Clidat. Pas d'autre enregistrement méthodique mais signalons les pages choisies par Ashkenazy (avec 6, Decca) et surtout Brendel (avec *Czardas macabre, Gondole funèbre, Unstern* et œuvres avec orchestre, ci-dessous, Vox).

12. Polonaises. Excellentes versions dans l'INTÉGRALE Clidat IV.

13. Rhapsodies hongroises. Rhapsodie espagnole. La célèbre « intégrale » (Quinze *Rhapsodies*) qui lança Cziffra (3 d. VSM) garde son exceptionnelle valeur pianistique même si la technique paraît aujourd'hui un peu vieillie. France Clidat y consacre le vol. II de son « intégrale » (Dix-neuf *Rhapsodies* 4 d. économiques, Vega), brillante interprétation, moins flamboyante peut-être que celle de Cziffra, mais d'une technique sonore plus récente. Les enregistrements plus ou moins complets de Louis Kentner (Vox) ou de Braïlovsky (RCA) ne sont pas récents et n'ont pas des mérites musicaux décisifs.

14. Trois rêves d'amour. Figurent, interprétés avec beaucoup de chic, dans le vol. III de l'INTÉGRALE Clidat.

15. Scherzos. Dans le vol. IV de l'INTÉGRALE Clidat.

16. Sonate en si mineur. Double avalanche d'enregistrements, par les vétérans d'abord puis par les très jeunes pianistes d'autre part. Parmi les premiers, le célèbre repiquage des disques de Horowitz (VSM, avec Schumann) garde, évidemment, toute sa valeur, devant Cziffra (VSM), alors que Malcuzinski (avec *Sonnets Pétrarque, Variations sur B.A.C.H.*, VSM) signe une version sobre et impressionnante, très supérieure à celle que, dans le même esprit, Alexis Weissenberg a confiée au même éditeur. La *Sonate* est cependant devenue le champ de bataille préféré des jeunes pianistes et les réussites les plus rares abondent, qu'il s'agisse du renouvellement, très en profondeur, et de la poésie d'Agustin Anievas (avec Chopin «Troisième Sonate », VSM), de la monumentalité confiante de Pascal Rogé (avec pièces diverses, Decca) ou de la maîtrise pianistique de Nelson Freire (avec une médiocre «Troisième » de Chopin, CBS), surclassant tous trois l'excellent André Watts ici bruyant et inutilement crispé (avec *Études-Paganini*, CBS). Kahn et Kiss n'ont pas renouvelé la question si bien qu'en attendant la traduction de France Clidat (INTÉGRALE vol. VI, à paraître) la situation reste acquise, soit au repiquage d'Horowitz, soit à Malcuzinsky, soit encore à Anievas (dont la seconde face est plus intéressante que celle de Pascal Rogé... mais ce dernier a l'avantage d'un couplage homogène). Mais la situation rebondit avec la prestation impérative mais très en nuances de Martha Argerich (DGG) couplée avec une non moins saisissante «Sonate en sol mineur » de Schumann.

17. Transcriptions et paraphrases. Nombreux exemples dispersés dans des anthologies et des récitals, voire en complément de quelques disques cités ci-dessus. Il ne s'agit pas d'un Liszt essentiel : les curieux attendront le sort que leur réserve F. Clidat.

Nombre de pièces, isolées des grands recueils, ayant fait carrière à part, nous les donnons ci-après par ordre alphabétique avec référence à l'œuvre à laquelle elles appartiennent : *Au bord d'une source* (1), *Campanella* (5), *Czardas* et *Czardas macabre* (voir INTÉGRALE Clidat IV), *Funérailles* (8), *Jeux d'eau à la villa d'Este* (1), *Sonnets de Pétrarque* (1), *Sospiro* (de *Trois caprices poétiques* : Cziffra – avec Chopin – Philips ou à paraître INTÉGRALE Clidat V), *Variations diverses* (à paraître Clidat). Voici le plan des volumes de l'INTÉGRALE de France Clidat, parus ou à paraître (gravures inscrites en catégorie économique rassemblées par coffrets toilés de 4 d. Véga).
– Volume I : *Années de pèlerinage : Suisse, Italie*, suivi de *Venezia e Napoli*, puis de *Italie II. Deux Légendes* (« François d'Assise prêchant aux oiseaux », « Saint François de Paule marchant sur les flots »).
– Volume II : *Dix-neuf Rhapsodies hongroises. Rhapsodie espagnole.*
– Volume III : *Harmonies poétiques et religieuses. Consolations. L'arbre de Noël. Trois Nocturnes. Berceuse. Deux Ballades.*
– Volume IV : *Cinq Mephisto Waltzer • Mephisto polka • Mazurka brillante • Cinq Valses • Deux Caprices • Valses • Deux Polonaises • Trois Czardas • Deux Galops • Scherzos et marches.*

A paraître (programmes envisagés) :
– Volume V : *Études Paganini. Études transcendantes. Trois Caprices poétiques. Deux Etudes de concert. Étude « Ab Irato ». Grand concert en solo.*
– Volume VI : *Sonate en si mineur. Deux Élégies. Nuages gris. Gondole funèbre. Unstern Aus grabe R. Wagner. En rêve. Schlaflos. Frage und Antwort. Sept Pièces d'après des tableaux hongrois.*

ŒUVRES AVEC ORCHESTRE

18. Les deux Concertos pour piano. Discographie pléthorique et pourtant décevante. Des vedettes telles que Cziffra (deux enregistrements, VSM) ou Sviatoslav Richter (dir. Kondrachine, Philips) y ont certes grande allure, mais non sans lourdeur, spécialement côté orchestre. Samson François (VSM) y déçoit, de même que Byron Janis (dir. Kondrachine à nouveau, Mercury) et plus encore Tamas Vasary (dir. Prohaska, DGG). Le meilleur ensemble reste, de très loin, celui de Julius Katchen-Ataulfo Argenta (série économique, Decca) mais, bien sûr, la prise de son n'est plus très jeune. On annonce un nouvel enregistrement de Youri Boukoff (CBS). Pour les versions isolées, citons pour le n° 1, Van Cliburn-Ormandy (avec le « Concerto » de Grieg, RCA) et Rubinstein (avec « Deuxième Concerto » Rachmaninov, RCA). Le *Deuxième Concerto* ne s'est jamais imposé seul.

19. Danse macabre. Œuvre frénétique, superbement traitée par Nelson Freire (avec un bon « Concerto » de Schumann, série économique, CBS). La version Cziffra appartient à un coffret assez onéreux (avec **18** et **21**, VSM). La réédition du disque homogène et plus rare de Brendel (avec *Czardas macabre, Gondole funèbre, Unstern, Mephisto Waltz I, Malédiction* pour piano et orchestre à cordes, Vox) tranchera la question, tant par la rareté d'un programme exceptionnel que par la qualité de l'exécution.

20. Dante Symphonie. Une seule édition de premier ordre, G. Lehel et orchestre philharmonique de Budapest. Version complète avec soprano (Margit Laszlo) et chœurs.

21. Fantaisie hongroise. Page concertante peu essentielle, inscrite dans un album d'œuvres de même ordre (avec **18** et **19**, VSM) par Cziffra ou, à part (avec *Rhapsodies hongroises*, version orchestre, cf. ci-dessous) par Shura Cherkassky et orchestre de Berlin, dir. Karajan (DGG).

22. Faust Symphonie. Seules demeurent au catalogue la réalisation assoupie d'Ansermet (avec *Mephisto Waltz*, version orchestrale et *Procession nocturne*, 2 d. en album Decca), et celle, très supérieure musicalement mais fort ancienne, de Jascha Horenstein (Vox, 2 d. avec *Mephisto Waltz* et Wagner : « Ouverture pour Faust ». Signalons que ces gravures comportent l'intervention finale d'un ténor (Werner Krenn) et de chœurs. Regrettons l'absence actuelle de la très bonne version (également complète) que Roberto Benzi avait gravée chez Philips. L'enregistrement de Léonard Bernstein doit sortir très prochainement en France (CBS).

23. Poèmes symphoniques. Il n'y a pas encore d'édition d'ensemble. La belle série naguère signée par Silvestri est aujourd'hui introuvable (mono, VSM). On pourra, en attente, se rabattre sur le disque assez moyen de Paul Paray (*Mazeppa, Orphée, Préludes, Mephisto Waltz*, orchestre de Monte-Carlo, Guilde du Disque) ou sur celui, non homogène, de Zubin Mehta (avec œuvres de Wagner, Decca).

24. Mephisto Waltz. Aucun bon enregistrement récent de cette première rédaction : cf. ci-dessus Ansermet (avec **22**), assez peu expressif, ou mieux, Horenstein (avec **22**) ou Paray (avec **23**).

25. Les Préludes. Ici avalanche d'enregistrements, la plupart animés sans grande conviction : Benzi, Cluytens, Dorati, Fricsay, Lindenberg, Paray sont-ils préférables à Mehta, dans un concert wagnérien? L'œuvre est de celles qui, ces années dernières, ont coulé à pic. La version hongroise dirigée par I. Nemeth (avec versions orchestrales, vraisemblablement originales, de la *Rhapsodie espagnole* et des *Rhapsodies hongroises 2 et 9* Qualiton) ne nous est pas connue.

26. Rhapsodies hongroises. Il faut prendre garde qu'en général on n'enregistre pas l'orchestration de Liszt lui-même, lourde et assez peu réussie, mais celles qui furent faites ultérieurement par divers chefs. Seul le disque Qualiton cité ci-dessus (**25**) semble revenir au texte original.

ŒUVRES AVEC CHŒURS

C'est l'essentiel des révélations de ces dernières années, la totalité de ces enregistrements venant de Hongrie où il semble que l'on entreprenne une exploration méthodique. Notons que, pour l'instant, aucune œuvre profane ne semble avoir été enregistrée.

27. Christus. L'ordre alphabétique met en avant l'œuvre la plus ambitieuse de Liszt, absolument ignorée de la plupart des musicologues jusqu'à la parution récente de cet enregistrement de premier ordre (solistes, dont Joszef Reti, ténor et Joszef Gregor, basse, chœurs et orchestre de l'État hongrois dir. Miklos Forraï, 3 d. économiques en coffret avec livret, Hungaroton). Contrairement à ce que l'on pourrait croire, le compositeur évite, dans cet « oratorio », tout effet spectaculaire et revient – à sa manière – aux traditions de la liturgie romaine : souvenirs grégoriens pimentés d'harmonies romantiques, très audacieuses, curieux mélange que l'on retrouvera dans toutes les œuvres abordées ci-dessous, créations fascinantes tant pour l'évidente sincérité dont elles témoignent que pour leur puissance expressive et le sens dramatique qui les parcourt, excluant tout ennui. La conception n'est pas sans rappeler l'esthétique des peintres « nazaréens », école allemande proche des pré-raphaélites anglais dont Liszt restait très féru (cf. son oratorio inspiré des fresques de Schwind).

28. Messes. Deux Messes de Liszt sont parues à ce jour dans la série Qualiton. Si la *Messe chorale* pour cinq solistes, chœurs et orgue (dir. Forraï) est un enregistrement ancien d'une œuvre relativement sans grandes surprises, la *Messe sexardique* (du nom de la ville pour laquelle elle fut composée) est un chef-d'œuvre des plus étonnants et qu'on ne saurait méconnaître (avec J. Reti, J. Gregor, chœurs et orgue, dir. Istvan Kis) : que les hésitants écoutent l'harmonie et le phrasé pour le moins stupéfiants de l'*Agnus Dei* final. Le disque est complété par de non moins étonnants *Chants sacrés* dont le rude *Ossa arida* (1879), avec orgue à quatre mains...

29. Œuvres chorales religieuses. Autre anthologie de pages fort diverses et du plus haut pouvoir expressif. Cela va de l'illustration lamartinienne *(Hymne de l'enfant à son réveil)* à un *Psaume 137* d'un hiératisme de vitrail, en passant par un grand récit légendaire accompagné d'un seul piano, narration musicale préfigurant la Cantate de Bartok. Le plus étonnant est peut-être le *Quasi Cedrus* (Mariengarten) de 1884, mystique et érotique, d'un chromatisme délirant (solistes et chœurs dir. Miklos Szabo. Hungaroton).

30. Psaumes. Cette sélection effectuée parmi les nombreux *Psaumes* composés par Liszt se recommande également par sa variété, du solo d'opéra à la narration accompagnée par un piano, une harpe ou un orgue en passant par le chœur martial et les prières de l'extrême vieillesse du compositeur (*De Profundis* et *Qui seminant in lacrimis*), expressionnistes à force de dissonances, de dépouillement : autre disque à connaître absolument (Joszef Reti et solistes, chœurs, orgue et orchestre de l'État hongrois, dir. Miklos Forraï, Qualiton).

31. Requiem. Assurément l'une des œuvres essentielles de Liszt. Composé en 1868-1871, ce *Requiem* semble avoir été négligé jusqu'ici en raison même de l'extraordinaire hardiesse de son langage très expressif, mêlant la tradition palestrinienne et les motifs grégoriens en un style « résurrectionniste » des plus dissonants. L'exécution, dirigée ici par le célèbre chef hongrois Janos Ferencsik, apparaît comme définitive (solistes, orgue et chœurs, Qualiton).

ŒUVRES DIVERSES,

Aucun enregistrement d'opéras ni d'œuvres chorales profanes. La musique de chambre a, également, été négligée jusqu'ici. On trouve sous étiquette Qualiton deux sélections, en deux disques séparés, des nombreux *Lieder* composés par Liszt tout au long de sa vie (on y retrouve les chanteurs nommés plus haut : Margit Laszlo, Joszef Reti, etc.). Il faut faire une place à part aux *Œuvres pour orgue* dont une intégrale publiée en Allemagne ne nous est pas connue (2 d. Da Camera par I. Szathmari). Relevons, au catalogue français, les excellents enregistrements de Pierre Cochereau (*Missa pro organo* et *Fantaisie et fugue sur « Ad nos ad salutarem undam »*, Philips) et de Xavier Darasse (*Fantaisie* précitée, *Prélude et Fugue sur B.A.C.H.*, *Variations* sur « Weinen, Klâgen, Sorgen », Erato).

SÉLECTIONS DE BASE

Années de pèlerinage. Études transcendantes. Harmonies poétiques et religieuses. Sonate en si mineur. Concertos.

Messe sexardique. Œuvres chorales. Psaumes. Requiem.
Missa pro organo. Préludes, Fugues et Variations pour orgue.

Index

Bibliographie

de langue française

Correspondance de Liszt et Marie d'Agoult, 2 vol. 1933-1934.
Correspondance de Liszt et de sa fille Mme Émile Ollivier, 1936.
Mémoires de Marie d'Agoult, 1927.
VALÉRIE BOISSIER, Liszt pédagogue, 1928.
ROBERT BORY, La vie de Franz Liszt, 1937.
ROBERT BORY, La vie de Franz Liszt par l'image, 1936.
ROBERT BORY, Liszt et ses enfants, 1936.
ROBERT BORY, Une retraite romantique en Suisse, 1930.
BOURGUÈS ET DÉNÉRÉAZ, La musique et la vie intérieure de Liszt, 1921.
M.-D. CALVOCORESSI, Liszt, 1936.
JACQUES VIER, Franz Liszt l'artiste, le clerc, 1950.
ÉMILE HARASZTI, Le problème Liszt, 1937.
BLANDINE OLLIVIER, Liszt le musicien passionné, 1936.
DANIEL OLLIVIER, Autour de Mme d'Agoult et Liszt, 1942.
I. PHILIPP, La technique de Franz Liszt, 1932.
GUY DE POURTALÈS, La vie de Franz Liszt, 1926.
J.-G. PROD'HOMME, Franz Liszt, 1910.

N. B. Il ne s'agit là que d'une sélection. De nombreux autres travaux extrêmement intéressants, que nous ne pouvons énumérer ici, sont répertoriés dans les principaux des ouvrages précités.

Toutefois, au titre étranger, on ne peut passer sous silence l'ouvrage capital en la matière, ouvrage de langue allemande : *Franz Liszt, Leben und Schaffen* (2 vol.), Peter Raabe (1931).

Iconographie

Nous tenons à remercier particulièrement Mademoiselle Irène Vassiliev qui nous a communiqué les reproductions de Moritz von Schwind des pages 153, 154, 156.

Le rassemblement iconographique de cet ouvrage n'aurait pas été possible sans le précieux recueil de Robert Bory : La vie de Franz Liszt par l'image (Horizons de France).

Archives photographiques, p. 182 - Archives Seuil, p. 136 - Bibliothèque du Conservatoire (Éd. du Seuil), p. 18, 115, 168 - Bibliothèque Nationale Éd. du Seuil), p. 25, 28, 39, 45, 46, 52, 59, 61, 63, 81, 84, 95, 99, 100, 106, 124, 126, 127, 128, 129, 131, 132, 133, 148, 169-180 - Bibliothèque de l'Opéra (Éd. du Seuil), p. 109 - Bulloz, p. 20, 30 - Giraudon, p. 134, 189 - Harlingue, p. 2, 10, 15, 43, 108 - Louis Held, p. 162, 167 - Richard Wagner, Museum, p. 91 - Centre Hongrois de l'Institut International du Théâtre, p. 37 - Roger Viollet, p. 143, 2 de couverture.

Table

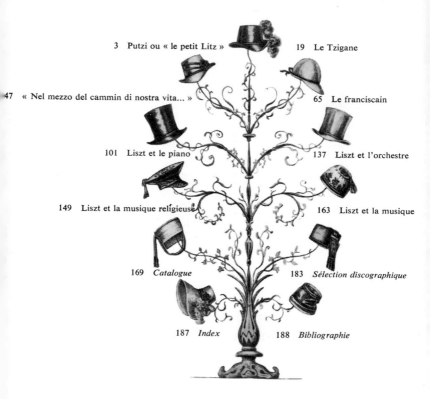

CE LIVRE, EST LE QUINZIÈME DE LA COLLECTION « SOLFÈGES »
DIRIGÉE PAR FRANÇOIS-RÉGIS BASTIDE.

collections microcosme
ÉCRIVAINS DE TOUJOURS

 # LE TEMPS QUI COURT

collections microcosme
PETITE PLANÈTE

 ## PETITE PLANÈTE / VILLES

 ## SOLFÈGES

collections microcosme
DICTIONNAIRES

MAITRES SPIRITUELS

ACHEVÉ D'IMPRIMER EN 1984 PAR L'IMPRIMERIE TARDY QUERCY S.A. - BOURGES
D. L. 2e TRIM. 1960 - No 1083-7 (11716)